Maria Willeit-Kammerer

Daheim am Honigberg

Die Buchreihe *memoria* mit Aufzeichnungen, Tagebüchern und Biografien
aus dem 20. Jahrhundert wird von der Stiftung Südtiroler Sparkasse unterstützt

STIFTUNG SÜDTIROLER SPARKASSE
FONDAZIONE CASSA DI RISPARMIO DI BOLZANO

Memoria_Erinnerungen an das 20. Jahrhundert

Maria Willeit-Kammerer

Daheim am Honigberg

Erinnerungen einer Pustertaler Bäuerin

Edition RÆTIA

Gedruckt mit freundlicher Unterstützung der

Abteilung Deutsche Kultur und Familie in der Südtiroler Landesregierung

Deutsche Kultur
und Familie
Kultur

2. Auflage

Fotos: Privatarchiv Kammerer | *Grafisches Konzept:* Dall'O & Freunde | *Druckvorstufe:* Typoplus | *Druck:* Printer, Trient

ISBN 88-7283-262-4

www.raetia.com

Vorausgeschickt

Der Alpeggerhof um 1935

Er war schon fast achtzig Jahre alt, sein Haar war grau, sein Blick getrübt und seine Gestalt etwas gebeugt, seine großen, knochigen, von Gicht gezeichneten Hände lagen schwer auf dem Küchentisch. Mein Vater saß mir gegenüber, er wollte es mir noch einmal erzählen, wie es war, im fernen Jahr 1935. „Damit es nicht vergessen wird", sagte er immer und immer wieder.

Es war Ende März, die Hänge und Wiesen wurden schon etwas grün, der Schnee hatte sich bereits sehr weit hochgezogen, die

Brautbild unserer Eltern

Bauern waren beim Mistausbreiten und Äckerbestellen. Das Frühjahr ließ sich erahnen. Da ging mein Vater – er führte zwei Kühe am Seil – zu Fuß von Olang nach Pfalzen.

Am Honigberg hatte er vor zwei Wochen den Alpeggerhof gekauft. Fünfzigtausend Lire musste er dafür bezahlen. Die wirtschaftlich so gefürchteten Dreißigerjahre hatten auch am Alpeggerhof gerüttelt und der Altbauer konnte der Krise nicht mehr standhalten. „Nein, Kleesamen brauche ich keinen mehr, den Hof verkaufe ich

dir“, hatte er gewiss ganz verzweifelt zu meinem Vater gesagt, als dieser ihm Kleesamen zum Kauf anbot.
Fünfzigtausend Lire waren zur damaligen Zeit sehr viel Geld. Sicher hatte der Vater sich einiges erspart, er arbeitete als Maurergehilfe, Kaminkehrer, Holzarbeiter, und im Frühjahr brachte ihm der Handel mit Kleesamen etwas zusätzliches Geld ein. Einen Teil der fünfzigtausend Lire lieh er sich bei Freunden aus. Die zwei Kühe, mit denen er nun von Olang nach Pfalzen ging, hatte ihm sein Vater geschenkt. Mein Großvater war ein Kleinbauer, die zwei Kühe waren die Hälfte seines Viehstandes.
„Habt ihr ihn gesehen, den neuen Alpegger? Wird der überhaupt weiterkommen?“, fragten die einen. „Der ist noch viel zu jung“, meinten die anderen. „Wer wird denn ein ganz leer ausgeräumtes Haus kaufen und weder Kuh noch Schaf im Stall stehen haben?“ Die alteingesessenen Bauern, mit guten Stuben und vollen Ställen, schüttelten geringschätzig den Kopf und machten sich am Wirtshaustisch noch etwas breiter. Für einen „Dahergelaufenen“ gab's wenig Platz.
„Lois, wir packen es“, sagte der bärenstarke Jungknecht Franz. „Wir packen es“, meinte die alte Köchin, die Nanne. Den Weg ins Dorf ging er nur am Sonntag, der junge Alpegger. Bald hatte er sie gesehen, die Rosl, mit ihrem Lachen im runden Gesicht und den dicken blonden Zöpfen. Sie war die Lehrerin und passte in der Kirche auf die Schulkinder auf. „Lois, wir packen es“, war auch sie überzeugt. Ein Glück für mich und meine zwölf Geschwister, sie wurde unsere Mutter.
Langsam schob mir Vater einen Geldschein über den Küchentisch. „Für dich“, sagte er. „Ich kann nicht, Vater!“. „Mach mir die Freude und nimm es an, so gut wie jetzt ist es mir noch nie gegangen“, sprach er leise. Das viele Erzählen hatte ihn leicht ermüdet. Mir kamen die Tränen, an so vieles in unserem Leben konnte ich mich plötzlich erinnern.

Meine Kinderzeit war von Angst begleitet

Der Beginn meines Wahrnehmens: Vater steht an meinem Bett, hält mich empor, zeichnet mir ein Kreuzzeichen auf die Stirn und gibt mir einen Kuss. „Passt mir aufs Miale gut auf“, höre ich ihn sagen. Mutter ist neben ihm, beide weinen. Unsere alte Nachbarin haben sie auch geholt – damals, sie hatte ebenfalls keine offizielle Genehmigung Butter zu verkaufen und musste für einige Zeit ins Gefängnis, genau wie mein Vater. Es waren die ersten Jahre des Zweiten Weltkrieges, Butter, Milch und viele andere Lebensmittel mussten „abgeliefert“ werden. Ich war schon etwas älter, als ich dies alles erst begriff.

Meine allerfrüheste Kinderzeit war von sehr viel Angst begleitet. Angst vor Flugzeugen, wenn sie schwer über uns hinwegzogen, Angst vor Bombenabwürfen, Angst vor Erschütterungen. Oft zitterte das ganze Haus, und die Fensterscheiben klirrten leise. „Sie bombardieren Innsbruck“, hörte ich die Erwachsenen sagen. Am Abend mussten die Häuser verdunkelt werden, kein Lichtstrahl unserer Petroleumlampe durfte nach außen dringen.

Ich liebte es so, unser Petroleumlicht, den schwarz glänzenden Kelch mit dem hauchdünnen Glaszylinder und dem schönen Lampenschirm aus leicht grün eingefärbtem Porzellan. Ich schaute gerne zu, wenn die Mutter den verrußten Docht ein wenig zurückschnitt und die Lampe mit dem Petroleum füllte. Der Docht wurde etwas höher geschraubt und das Licht flackerte auf. Um unseren

„'s Miale" wurde ich liebevoll genannt

Stubentisch wurde es dann schön hell. In der übrigen Stube herrschten die Schatten gespenstisch dunkel. Aber gar bald blieb unsere schöne Lampe für lange Zeit dunkel. Es gab kein Petroleum mehr. Mit den Karbidlampen wollte ich nichts zu tun haben, dieses Licht wirkte kalt und fremd und der Geruch war ekelhaft.

Ganz schwer brummten wieder einmal die Flugzeuge. Ich vernahm die Erwachsenen: „Sie bombardieren wieder die Perchener Brücke. Viele Häuser von Percha sind zertrümmert, und die Bevölkerung muss das Dorf verlassen." „Mutter! Mutter!", beten wir. „Unter deinen Schutz und Schirm ...", „Heiliger Florian, du edler Held ...", „Heiliger Schutzengel mein ...!", flehte ich.

Einen Korb mit meiner Holzpuppe und ein paar Sachen zum Anziehen hielt ich immer bereit, denn wenn meine Angst am allergrößten war und ich auch noch meinen um ein Jahr jüngeren Bruder damit ansteckte, kam unser Vater und ging mit uns zur Mühle.

Dorthin war es eine knappe halbe Stunde. Unsere Mühle stand im Wald, von großen Fichten umgeben, ganz nahe am Bach. Ich weiß es nicht, war es das Rauschen des Wassers, der Schutz des Waldes oder doch unser Beten? In der Mühle fühlte ich mich immer so geborgen und fern jeder Gefahr.

Die Mühle gehörte zu unserem Hof – sie gehörte einfach auch zu unserem Leben. Erst wenn das Mehl aus der Mühle kam, konnten wir Brot backen. Die Mühle war auch eine Erlebniswelt für mich und meine Brüder. Wir sahen zu, wie Vater den Bach umleitete, wie das Wasser durch die großen, tiefen Holzrinnen stürzte und dabei das alte Mühlrad in Bewegung setzte. Im Inneren der Mühle ging es dann los, das Klappern und Rütteln – die von feinem weißem Mehlstaub überzogenen Spinnweben zitterten leise am Überboden.

Vater hatte alles im Griff. Sack für Sack des guten Korns schüttete er in den Holztrichter, und in der Holztruhe häufte sich bestes Mehl an. Immer und immer wieder konnte er einen Sack Mehl abfüllen. Beim Kleieabfüllen mussten wir helfen. Die großen und kleinen Siebe hingen an den Wänden. Die aus Stoff genähten Haarsiebe, die „Mühlbeutel", bedurften besonderer Aufmerksamkeit, denn schon der allerkleinste Riss, mit freiem Auge kaum sichtbar, hatte böse Folgen. So manchen Mühlbeutel musste Mutter immer und immer wieder flicken, denn neue Mühlbeutelseide war während des Krieges kaum mehr aufzutreiben.

Vater erklärte uns auch die Mühlsteine, man nennt sie den „Leger" und den „Läufer". Ab und zu wurden sie durch eine Art Aufzug aus der Verankerung gezogen und mit schweren Eisenhämmern behauen. Den Vorgang nannte man „Mühlehauen", er diente dem Zweck, die Mahlfähigkeit der Steine wieder herzustellen.

Eine schmale, ausgetretene Treppe führte zur „Müllerkammer". Diese hatte nicht nur ein kleines vergittertes Fenster mit Blick in den Wald und hinüber zum Bach, sondern hier gab es auch

Meine Mutter mit den zwei Ältesten

einen Eisenofen und ein grob gezimmertes Bettgestell mit einem großen Strohsack darin. Ja, der Strohsack hatte es in sich. Mein Bruder und ich schlichen uns an ihn heran, zogen ihn mit Schwung hoch, im selben Augenblick huschten ganze Rudel von Mäusen davon. Während unser Vater in der Mühle werkelte, gingen wir immer wieder auf Mäusejagd. Geduldig saßen wir auf der Treppe und warteten so lange, bis die Mäuse wieder unter dem Strohsack waren. Wer hatte Angst vor Mäusen? Wer vor Spinnen? Wir nicht! Ab und zu fuhr ein Nachbar mit Pferd und Wagen den holprigen Weg entlang. Meistens hielt er an der Mühle an und plauderte mit meinem Vater über Feld und Vieh und darüber, wo die Kriegstruppen stünden. Seine Frau aber erkundigte sich bei uns, wie es denn der Mutter ginge und ob wir unser neues „Poppele“ recht gern hätten. Dann langte sie tief in ihren Kittelsack und holte für uns ein paar „Magenstöcklein“ hervor, ganz rot und süß waren sie und hatten einen leichten Zimtgeschmack. Wenn ab und zu ein paar Haare des Wollrocks an ihnen hafteten, machte uns dies nichts aus.

Unsere Familie wuchs ständig. Jedes Jahr lag der Hund unserer alten Hebamme, der Monika, in der Stube unter der Ofenbank. Ein zorniger grauer Pudel war's. Er knurrte uns immer böse an, und seine Augen waren von buschigen Brauen bedeckt. Hatte das Vieh überhaupt Augen?

Der „Monikahund“ im Haus, die Mutter nicht in der Küche, in der Kammer ein mit buntem Stoff ausgefütterter Wäschekorb, ein neues „Strohsackl“, gefüllt mit Maiskolbenblättern, flauschige Windeln und ein Federbettchen; nun konnte es kommen, unser „Poppele“.

Keiner von uns „Großen“ wurde auch nur einmal auf das Kommen eines neuen „Poppele“ vorbereitet. Ich kann mich nicht erinnern, an meiner Mutter Veränderungen bemerkt zu haben. Die Woche, als Mutter „krank“ war, war für uns eine ganz ungemütliche Zeit. Meine Brüder, aber hauptsächlich ich, wurden von der „Pflegerin“ oder der Magd herumgeschubst. „Wo sind die Strümpfe der Buben? Wo ihre Hosen?“. Wie? Was? Wo? Alles hätte ich wissen müssen. Die hatten ja nur zwei Paar Strümpfe, eine Sonntags- und eine Werktagshose. Wenn eine Hose unverhofft nass wurde, war es problematisch. Es kam schon öfter vor, dass einer meiner Brüder auf den Stubenofen verbannt wurde, so lange, bis die Hose trocken war.

Wir litten kaum darunter, dass wir nur das Allernotwendigste hatten. Meine zwölf Geschwister und ich hatten unser Zuhause, unsere Stube, Vater und Mutter und um uns Menschen, welche uns

Der kleine Toni schloss die Lücke des verstorbenen Paulile

mochten. Wir waren glückliche und vor allem zufriedene Kinder. Geboren wurden wir alle daheim. Ein Bruder, das Franzl, starb gleich nach der Geburt. Das Paulile erkrankte im Alter von sechs Monaten schwer. Drei Tage lang wurde das Kind von Fieberkrämpfen förmlich zerrissen. Der Arzt kam immer wieder, konnte aber nicht helfen. Er sagte zur Mutter: „Du musst danken, wenn das Kind sterben kann. Wegen der schweren Fieberkrämpfe würde es im Kopf nicht mehr ‚richtig' sein." Paulile starb, wir alle weinten uns fast die Augen aus vor Schmerz.

Vater kaufte für Paulile einen schönen weißen Blechkranz, voll weißer Margeriten. Jahr für Jahr sollte der Kranz an Allerheiligen den Grabhügel unseres Paulile zieren. Der Pfarrer sprach zur Mutter: „Ihr habt jetzt einen Fürbitter im Himmel, wir gehen schweren Zeiten entgegen." Mutter wirkte darauf etwas gefasst, uns Geschwister aber vermochten diese Worte nicht zu trösten.

Am Abend der Beerdigung lief das zweitjüngste meiner Geschwister nach dem Rosenkranzgebet, welches bei uns an keinem Abend ausgelassen wurde, auf meine Mutter zu und sagte: „Mamme, hopp mi a bissl!“. Sie fühlte, jetzt war sie wieder das „Kleine“. Ja, das Kleine war schon immer das Liebste, das Beste, das umsorgteste Kind. Jedoch zu so viel Liebe und Zuneigung konnte es nur ein oder ab und zu zwei Jahre kommen, dann lag der zornige „Monikahund“ schon wieder in unserer Stube und knurrte unter der Ofenbank, und das Kleine wurde ganz schnell das Große.
So erging es auch mir, auch ich war mit meinen vier Jahren die „Große“ und wurde sehr oft mir selbst überlassen; was Wunder, dass ich mein Herz an die Nachbarin, die „Ritschmutter“, verlor. Die Ritschmutter war ein altes, liebes und immer ein wenig rußiges Weiblein. Ihr alter Kochherd „zog“ nicht mehr richtig. Die längste Zeit bliesen wir mit geblähten Lungen beim Einschürtürl hinein. Mit dem Aufflackern der ersten Flammen hatten wir dann den Anfang unserer Kocherei hinter uns gebracht.
Das Wasser zum Kochen, Waschen und für ihre einzige Kuh mussten wir von sehr weit herschleppen. Das Ritschhaus war wohl das einzige Bauernhaus ohne eigenen Wasserbrunnen. Deshalb haben wir zwei, die Ritschmutter und ich, jahrelang viel Wasser getragen. Zum Wäschewaschen hatte die Ritschmutter keine Waschbürste – nein, sie nahm den „Bloile“, mit dem schlug sie immer und immer wieder auf die nasse, eingeseifte Wäsche ein. Der „Bloile“ war vergleichbar mit einem großen, breiten Holzhammer. Wir daheim hatten eine richtige Waschbürste, das Aschesackl zum Aufkochen der Aschenlauge und einen großen Waschkessel.
Am Montag war bei uns immer Waschtag. Die Wäsche wurde schon am Sonntagabend sortiert und in einem großen Zuber eingeweicht. Meine Mutter und die Magd wuschen fast den ganzen Montag. Im Sommer ging es ja gut, da konnten die beiden im Freien waschen und die Wäsche am Brunnentrog ausschwemmen. Im Winter wurde

in der Küche gewaschen. Ausgeschwemmt wurde auch im Winter am Brunnen. Die Wascherei in der Küche war für uns alle sehr unangenehm. Die Küche voll Dampf, die Mutter nervös, die kleinen Geschwister brüllten, keiner hatte richtig Zeit für sie.
Ich schlich mich meistens wieder zur Ritschmutter. Im Winter half ich ihr gerne beim Fisolenausschoten. „Die großen weißbraunen, das sind die amerikanischen“, sagte sie immer. Trockene Maiskolben rebelten wir so lange über einen Eisenstab, welcher an einem „Metzen“, einem runden Holzschaff, befestigt war, bis alle Körner im „Metzen“ waren. Die leeren Kolben nahmen wir zum Heizen. Die trockenen Maisblätter fütterten wir der Kuh, oder meine Mutter holte welche zum Einfüllen in die Strohsäcke. Nur meine Eltern hatten eine Matratze und eine Wolldecke. Wir Kinder krochen tief in unsere Strohsäcke und unter ein dickes Federbett.
Alle Kammern waren im Winter eiskalt, und durch die Ritzen sah man ins Freie. Bevor wir elektrischen Strom hatten, musste meine Mutter in der Nacht aufstehen und in der eiskalten Küche Feuer anmachen, um für das Kleine die Flasche zu wärmen oder für die kranken Kinder Tee zu kochen. Später bekam sie einen Elektrokocher, welcher immer auf ihrem Nachtkästchen stand.
Im Sommer war alles viel einfacher, und ich war halt wieder bei der Ritschmutter. Mit ihr ging ich Heu und Gras holen, beide trieben wir ihre Kühe auf die Weide. Beim Krämer „Jörgele“ in Pfalzen holten wir die kleinen gelben Sommerbirnen, welche er in seinem Laden hinterm „Winterfenster“ zur Schau stellte. Für unsere begehrten Sommerbirnen waren wir mindestens zwei Stunden unterwegs, denn die Ritschmutter war Asthma-leidend. Dass man die Geraniensteckling kreuzweise mit einem Messer einschneidet, ein Weizenkorn in die Öffnung presst und dann den Steckling in den Schnittlauch setzt, hat mir auch die Ritschmutter gezeigt.
Gar bald hatte ich daheim meine eigenen Geranien, und meine Mutter überließ mir ein halbes Gartenbeet. Auch besaß ich eine

eigene Henne. Großmutter hatte sie mir, schön auf Stroh gebettet, in einem Henkelkorb mitgebracht. Eine eigene Henne waren eigene Eier, sag, eigenes Geld. Ich nahm an, dass meine Henne jeden Tag ein Ei lege und habe in der Woche sieben Eier verkauft. Ja, so erzog man früher die jungen Bäuerinnen! Das Gewissen lässt mir immer noch keine Ruhe, vielleicht hab ich doch zu viele Eier verkauft. Meine Mutter wird mir schon verzeihen.

Es war noch im Krieg, die Ritschmutter hatte zwei Söhne an der Front. Ich weiß, dass wir öfter ein Paket für die Buben wegschickten, warme Socken, etwas zum Rauchen, hartes Brot, harte Würste, Handschuhe, ein wenig Speck und beste Grüße von uns und allen Nachbarn haben wir mit eingepackt. Manche Träne machte auch die lange Reise hin bis an die Kriegsfront. Oft besuchten wir zwei Leidensgenossinnen der Ritschmutter, sie hatten ebenfalls ihre Söhne im Krieg. Ganz viel Angst der drei Mütter ist an mir hängen geblieben.

„Der Sepp ist gefallen" – „Der Hubert ist gefallen" – die beiden betroffenen Mütter weinten und weinten. Die Angst der Ritschmutter um ihre Buben wurde immer größer. „Beten wir, dass sie gut heimkommen", sagte sie des Öfteren. „Unser Franz hat geschrieben – heute hab ich den Brief bekommen, er kommt auf Heimaturlaub!". Die Ritschmutter las mir den Brief vor. Ich verstand nicht viel, war jedoch glücklich, weil sie glücklich war. Mitsammen träumten wir: „Wenn der Franz kommt, winden wir einen Kranz aus Buchsbaum für den Türbogen. ‚Herzlich willkommen' malen wir auf Pappkarton, wir wollen ihn empfangen wie unsere Nachbarn den Primizianten Jakob. Ja, wenn er kommt, unser Franz!"

Wochen später – ich hörte eine vertraute Stimme: die Ritschmutter stand bei uns in der Küche, einen Brief und eine Taschenuhr hielt sie in ihren Händen, sie weinte bitterlich. Ihr Franz war an der Front gefallen. Meine Eltern waren ganz erschüttert. Weil ich sonst gar nichts hatte, schenkte ich ihr mein zerfleddertes Märchenbuch.

Bei der Heuarbeit mit unserem Pferd

Ihr Asthmaleiden wurde immer schlimmer, mein Vater spannte des Öfteren das Pferd vor den Wagen und fuhr die Kranke zur Kirche. Sie wollte zur heiligen Messe und zur Beichte gehen. Ich frage mich heute oft, was die abgeschundene, zufriedene und schwer geprüfte Mutter wohl zu beichten hatte?

In Kiens wurden Bomben abgeworfen, Notabwürfe hat es geheißen. Ein paar Häuser und die Kirche traf es arg. Todesopfer gab es Gott sei Dank keine. Die Erwachsenen sprachen von Raub und Überfällen landauf, landab. Die Angst wuchs! Unsere Magd, die Burge, ging immer nach Kiens in die Kirche. Von jedem Kirchgang brachte sie für uns bunte Glasscherben mit, denn die Kirchenfenster waren alle zertrümmert. Die leeren Fensterhöhlen waren nur mehr mit Brettern vernagelt. An Glasscheiben war nicht zu denken.

Plötzlich gab es kein Kochsalz mehr. Mutter musste rot eingefärbtes Viehsalz so lange waschen, bis es weiß wurde. Auch der Bedarf an Nähzwirn, Kleiderstoffen und Leder musste in heimlichem

Tausch mit Lebensmitteln gedeckt werden, was nicht einfach war, denn einen Großteil von Vieh und Ernte hatte man abzuliefern.
Das war die Zeit, in der unser Pferd erkrankte. Wir mussten es notschlachten, das Fleisch wurde abgeholt. Unser Knecht weinte! Das Pferd war immer sein ganzer Stolz gewesen. Ein Pferd hatten wir sowieso schon „gestellt“, das heißt für den Krieg abgeliefert. Am Abend saß unser Knecht hinter dem Hausstadel und spielte Ziehharmonika. Meine Mutter sagte zu mir: „So kann der Hansl den Schmerz leichter vergessen!“. Ich aber schlich mich wieder zur Ritschmutter.
„Herr, gib ihm die ewige Ruhe!“. Es war ein ganz trauriger Heiliger Abend, im Jahre 1945. Ein Bote brachte uns die Nachricht, unser Großvater sei gestorben. Großvater lebte in Olang. Wenn er uns besuchte, trug er im Winter wie im Sommer sein schwarzes, dickes Lodengewand, ich glaub, es war sein einziges Sonntagsgewand. Großvater hatte ganz weiße Kopfhaare und ging sehr gebückt. Meinen jüngeren Bruder trug er immer auf dem Rücken ins Feld, in den Stall, wo er gerade Umschau hielt.
Ich kann mich nicht erinnern, dass Großvater fröhlich war, uns je etwas mitgebracht oder uns recht beachtet hätte, aber ich weiß trotzdem, dass er uns liebte. Gefühle zeigen war damals wohl nicht erlaubt. Doch wir hatten es auch dem Fleiß und der Sparsamkeit unseres Großvaters zu verdanken, dass wir Haus und Hof unser Daheim nennen konnten. Die Mutter meines Vaters war gestorben, als er noch ein Kind war.
Die Eltern meiner Mutter begleiteten uns Kinder einige Jahre unseres Lebens. Sie besuchten uns öfter, da sie ja nicht weit entfernt von uns wohnten. Gelbe Birnen und rote Äpfel lugten aus den Stofftaschen mit den Eisenringen. Großmutter schenkte uns ab und zu einen neuen Bettbezug, eine Kaffeetasse oder ein buntes Glas.
Mein Großvater mütterlicherseits war ein froher Mensch, er hatte viele weiße Haare, blaue Augen, aus denen ein Lachen und Opti-

Unsere Großeltern mütterlicherseits Mitte der Dreißigerjahre

mismus strahlten. Er war ein angesehener Viehdoktor und heilte mit Kräutern und selbst gemachten Salben. Die Gebrechen des Alters und die großen Schmerzen seiner Krankheit ertrug er mit viel Geduld und Würde. Wenn es ganz schlimm wurde, sagte er zu mir: „Moidile, reich mir den Rosenkranz!". Der hing immer neben seinem Krankenbett. „Moidile, erzähl mir etwas von daheim", sagte er, wenn es ihm halbwegs gut ging. Er nahm stets Anteil am Leben unserer Familie. Mit dem Tod unserer Großeltern haben wir sehr viel verloren. Aber das Leben ging weiter.

Bei uns daheim gab es nicht nur eine Mädchen- und eine Bubenkammer, eine Knechte-, eine Mägde- und eine Kornkammer, sondern auch eine Soldatenkammer. Ein Bett und etwas zum Essen, mehr brauchten sie nicht, die Männer, die einfach nur nach Hause wollten. Keinen hat unser Vater gefragt, wer er war und wohin er ging. Sie durften sich einfach ausrasten. Die Soldaten wussten, wovon sie sprachen, wenn sie anderntags mit meinem Vater redeten und wir dabeistanden und unsere Münder aufsperrten. „Glückliche Kinder“, sagten sie dann zu uns.

Meistens zogen sie erst weiter, wenn es dunkel wurde. Ein einheimischer Bergführer geleitete sie über Berge und Gletscher. Manche waren sehr mutig und zuversichtlich, manche aber winkten so lange, bis wir sie nicht mehr sahen. Sie weinten. Jahre später erreichten uns noch Dankesbriefe. Einer erkundigte sich, ob sich das alte Mühlrad immer noch drehe, ob von den Kindern immer noch eins „brülle“ und ob „Mia“ schon schreiben könne.

Nach dem Krieg kamen sehr viele arme Menschen, welche kein Ziel und keine Orientierung mehr hatten. Meine Eltern haben keine Bittsteller leer weggeschickt. Familien, welche durch leere Versprechungen und unsäglichen Druck von Seiten unserer „Volksvertreter“ ausgewandert waren, kamen wieder zurück in die Heimat. Große materielle Hilfe tat Not.

Ich erinnere mich noch gut an den Musikanten. Er war ein alter, etwas griesgrämiger Mann, sein Gesicht war wie braun gegerbtes Leder, ein Kranz grauer langer Haare wehte von seinem sonst ganz kahlen Kopf, er hatte eine runde Nickelbrille auf und sprach hochdeutsch. Auf dem Rücken trug er, in einem schwarzen Sack verpackt, ein riesiges Instrument. War’s eine Harfe? War’s eine Gitarre? Jedenfalls klang es für uns Kinder wunderbar, wenn er auf seinem Instrument spielte. Er musizierte um ein Abendessen und ein Nachtlager. Schlafen durfte er immer in der Stube. Ich holte gerne für ihn ein Federbett aus der Soldatenkammer. Der Musikant kam einmal im Jahr, viele Jahre hindurch.

Der „Tatlkrämer“ kam schon etliche Male im Jahr. Ihn durften wir Kinder auf gar keinen Fall versäumen. Wenn eins der Geschwister nicht anwesend war, wurde überall nach ihm gerufen. Wir wollten einfach alle um den großen Stubentisch sitzen. Dann warteten wir gespannt, bis der Krämer endlich seine schwere Truhe vom Rücken nahm und mit einem tiefen Schnaufer auf die Bank stellte. Er wischte sich meistens den Schweiß von der Stirn und fragte höflich, ob ihm die Bäuerin etwas abkaufe.

Endlich fing er an, Schublade für Schublade entnahm er seiner Rückentruhe. Alle „Herrlichkeiten“ der Welt lagen bald ausgebreitet auf dem Stubentisch. Wir kämpften um die besten Plätze, um ja nahe genug dran zu sein. Da lagen sie nun, die großen und kleinen Mundharmonikas – ganz schnell über die Lippen fahren und ihnen die schönsten Töne entlocken! Die Taschenmesserchen mit buntem Perlmuttergriff. Die großen gebogenen Taschenmesser, zur damaligen Zeit der Traum eines jeden Buben. Bunte Rasseln für die Kleinen, die Knöpfe und Druckknöpfe, Schneiderkreide und Meterbänder, Schurzbänder und Flicknadeln neben Rasierschaum und Pinsel, Klingen und Seifen in Form einer Rose! Dicke rote Bleistifte für die Zimmerleute, Hosenträger, lederne Schuhriemen, Taschentücher, Krawatten und Reißnägel, ein buntes Tuch für den Osterkorb, und erst das „Kölnischwasser“ in der blau-grün-goldenen Flasche. „Riecht alle mal daran, wie gut das duftet!“

Auch Lauskämme, Feuerzangen und ein doppelter Spiegel waren dabei. „Wie der Spiegel vergrößert! Was hab ich für große Augen! Und erst die Nasenlöcher!“. Während unsere Mutter bei Knöpfen und Bändern kramte, schaute der Tatlkrämer recht argwöhnisch zu uns herüber. Ob die Mundharmonika die vielen „Proben“ überleben würde, dachte er sich wahrscheinlich. Gekauft wurde sie jedenfalls nicht! Zu teuer! Und übrigens brauchten wir sie nicht! Dass wir noch so vieles im Leben „nicht brauchten“, wurde uns schon ganz, ganz früh vermittelt. Der Tatlkrämer durfte auch bei uns in der Stube schlafen. Am Morgen schenkte er uns ein buntes Messerchen oder ein Taschentuch. Jedoch die Mundharmonika musste ein Traum bleiben.

Einmal im Jahr kam das „Lourdesweibile“, wie wir es nannten. Eine Pilgerfahrt nach Lourdes, und ein Leben lang wusste es von der Wallfahrt zu erzählen. Uns Kinder beeindruckte das Weibchen sehr, sein Gesicht war schmal und blass und sein Blick schien ganz verklärt, wir bildeten uns ein, die Heiligen im Himmel glichen dem Lourdesweibile. „Ich bete für euch“, sagte es beim Abschied immer zu unserer Mutter. „Ja, wir können es brauchen“, erwiderte diese. Die Kammer, wo die Pilgerin schlief, aber roch noch lange nach Knoblauch.

Meine Pflichten begannen

Im Herbst 1945 kam ich in die Schule. Obwohl mich meine Mutter am ersten Tag begleitete, war ich sehr scheu. Ich war ja ein Bergkind und kannte unser Dorf noch nicht, auch nicht das Schulhaus, ein gelb getünchter, alter Bau mitten auf dem Dorfplatz. Das Erstklasslerzimmer lag fast ebenerdig zur vorbeiführenden Straße, Pferdefuhrwerke ratterten über das holprige Pflaster. Die kleinen Fenster waren mit Eisenstäben vergittert. Freche Buben drückten ihre Nasen an den Scheiben platt und machten die wüstesten Grimassen. „Hier könnt ihr eure Kleider aufhängen und hier ist das Plumpsklo", sagte die Lehrerin. Ein großer Korb mit geschnittenem Zeitungspapier stand in der Ecke. Man zeigte uns die schwarze Tafel, die Kreide und den Putzlappen. Darauf bekamen wir unsere Bänke und unsere Sitznachbarn zugewiesen.
Die Lehrerin gab sich viel Mühe, doch die Kinder tauten nur langsam auf. Ich saß in der Bank und strich meine neue Schürze glatt. Ob Mutter jetzt schon daheim war? Die Ritschmutter musste ihre Kuh heute allein auf die Weide treiben …
Die Stimme der Lehrerin holte mich heraus aus meinen Träumen. „Ich heiße Maria Willeit, meine Mutter Rosa, mein Vater Alois, ich habe vier Brüder!". Dass ich in wenigen Monaten mein erstes Schwesterchen bekommen würde, davon hatte ich keine Ahnung. Mit einem „Vaterunser" und einem lang gezogenen „Grüüüß Gott" wurde der erste Schultag beendet. Endlich trottete ich mit Heft, Bleistift, Katechismus, einer hölzernen Griffelschachtel und einer

Meine Schulklasse. Maria ist die Sechste von links in der letzten Reihe

Fibel in der neuen Stofftasche den langen Weg nach Hause. Ich lebte noch!
Mit Beginn meiner Schulzeit wurde ich daheim nicht mehr „Mia“, sondern „Midl“ genannt. Meine Pflichten begannen. Jedes weitere Schuljahr wurde einer meiner Brüder und später die Schwestern eingeschult. Meine Aufgabe wurde es, ihnen beim Ankleiden zu helfen, dafür zu sorgen, dass wir uns rechtzeitig auf den Weg machten, dass ich alle gut hin- und wieder zurückbrachte. Oft wollte einer nicht mehr durch den hohen Schnee stapfen, er warf sich auf den Boden und rührte sich nicht mehr. Kein Anrütteln, Gut-Zureden oder Schimpfen brachte den Verstockten auf die Beine. Erst mit dem Satz „Geh nur heim“ kam wieder Bewegung in den Leblosen. Er griff nach der Schultasche, stand auf und stapfte nach Hause. Wir aber versäumten die Schulmesse, sie war immer um 7.15 Uhr.

Das Rechnen blieb für mich die ganze Schulzeit über ein Albtraum. Das Einmaleins konnte ich mir nicht merken, und sogar die Turmuhr abzulesen hatte ich meine Schwierigkeiten. Wir mussten uns ja nach der Turmuhr richten. Eine Armbanduhr gab's erst zur Firmung, und bis dahin war's noch ein langer Weg. Mit all den Schwierigkeiten wurde ich sehr allein gelassen. „Was, du kannst nicht rechnen?". „Deine Mutter war doch Lehrerin!". Ich sei zu faul, hieß es, wenn sich Mutter bei der Lehrerin erkundigte. Das Urteil verletzte mich sehr und trug sicher dazu bei, dass ich trotzig wurde. Das brachte mir aber wieder Vaters Schläge und Mutters vorwurfsvolle Blicke ein. In meinem späteren Leben hab ich jedoch festgestellt, dass ich wohl rechnen konnte und auch immer „rechnen" musste.

Die Vorbereitung auf die Erstkommunion begann damals schon in der ersten Klasse. Diese Aufgabe übernahm meine Mutter sehr gewissenhaft. Auf alle Katechismus-Fragen wusste ich die Antworten. Das Auswendiglernen war für mich nie ein Problem. Eher brachte mich das gemeinsame „Sündensuchen" vor der ersten Beichte in Verlegenheit. Warum fand Mutter alle meine Sünden? Für meine Erstkommunion nähte Mutter für mich das weiße Kleid, und die Taufpatin schenkte mir ein Wachskränzchen für das Haar und einen Rosenkranz.

Fünfunddreißig Erstkommunikanten wurden unter den feierlichen Klängen der Musikkapelle in die Kirche begleitet. Wir waren wohl alle darauf bedacht, nichts falsch zu machen, und waren besonders fromm. Nach dem feierlichen Gottesdienst gab es im nahen Gasthaus Kaffee und Kuchen. Meine Eltern gingen währenddessen nach Hause. Voll gestopft mit Kuchen, aber sehr einsam machte auch ich mich nachher auf den langen Heimweg. Ich weiß es nicht, was mich dazu bewog, vielleicht war es die Langeweile, jedenfalls löste ich mein weißes Wachskränzchen aus dem gekrausten Haar und brachte es recht übel zugerichtet und verbogen nach Hause.

Unsere Erstkommunion. Maria steht in der zweiten Reihe als Vierte von links

Meine Mutter war ob so wenig Gefühl und Frömmigkeit entsetzt und schimpfte mich.
Der Höhepunkt im Schuljahr war wohl immer die Religionsprüfung. Vorne am Pult saßen sie, der Herr Dekan, der Herr Kooperator, die Lehrerin und des Öfteren auch der Bürgermeister. Sie alle wussten nicht, dass ich daheim an das tägliche Morgengebet noch ein paar „Vaterunser“ angeschlossen hatte. „Eines zum Schutzengel des Herrn Dekan, damit er dich das Richtige ausfragt“, sagte die Mutter, „und ein Vaterunser zu deinem Schutzengel, damit er dir die richtige Antwort eingibt.“ Dadurch war ich weniger aufgeregt und hatte weniger Angst. Bei uns zu Hause wurden die Schulzeugnisse nach den Noten in Religion und Betragen bewertet. Da musste es stimmen! Ansonsten wurde die Unterschrift des Vaters für uns zum Problem!
Unsere Mutter nähte für uns alle Schulkleider, welche wir daheim nie tragen durften. Meistens kamen die Stoffkrämer aus dem Fersental auf den Hof. Sie trugen schwer an den vielen Stoffballen.

Die Familie von uns Honigbergern wird immer größer

Meter für Meter der Schurz-, Hosen- und Kleiderstoffe schnitt der Krämer ab, und nicht selten wurde die Geldbeschaffung ein Problem. Mutter färbte auch weißes Leinen, welches damals noch bei uns gesät, geerntet und zu Stoff verarbeitet wurde, dunkelgrün ein und nähte unsere Schultaschen. Etwas zu schmal und zu hoch fielen sie aus. Wir trugen sie auf dem Rücken. „Jetzt kommen die Alpegger mit den Kartoffelsäcken“, wurden wir im Schulhof gehänselt, aber nicht lange, wir wurden ja immer mehr, und bald waren wir eine gefürchtete Macht. Haben wir daheim noch so viel gestritten und wurde die Rangordnung nur durch Raufen klargestellt, kaum kam Gefahr von außen auf uns zu, hielten wir zusammen wie Pech und Schwefel.

Da wir auch am Nachmittag Schule hatten, mussten wir im Herbst und im Frühjahr zum Mittagessen heimlaufen. Im Winter trugen wir unser Essen in einer Kanne mit. Wie mehrere andere Schulkinder stellten auch wir unsere Blechkannen auf den Kachelofen unseres Schulzimmers. Gegen Mittag entfalteten sich dann die Gerüche von „Kartoffelplattlan" mit Sauerkraut bis zu Knödel und Schmarren. Der Geruch der Stallschuhe jener Buben, welche noch in der Früh im Stall helfen mussten, ging im Duft unseres Mittagessens unter. Wir Alpeggerkinder brauchten nicht lange in der Schule essen, bald durften wir unsere Essenskannen zu Verwandten tragen. So konnten wir dann mittags bei Tisch sitzen und waren gut aufgehoben.

Früher gab es viele schneereiche Winter. Wenn gegen Mittag die ersten Schneeflocken fielen, durften sich die Schulkinder, deren Elternhaus auf 1.200, 1.300 Meter Höhe lag und deren Weg nach Hause eine Stunde bergauf ging, gleich auf den Heimweg begeben. Wir Honigberger hatten es leichter. Ein Nachbar holte uns mit Pferd und Schlitten im Schulhof ab. Wir saßen dicht gedrängt, an jedem Hof machte er Halt, und immer wurden es ein paar Kinder weniger. Trocken und ausgeruht stürmten wir in die warme Stube. „Danke Urban!"

Kleider im Überfluss hatte man nach dem Krieg und viele Jahre danach wohl nicht. Keines der Schulkinder konnte Daunenjacken oder Pelzstiefel sein Eigen nennen. Steif gefrorene Schuhe, furchtbar juckende Schafwollstrümpfe, ein leichter Baumwollkittel und für die Buben oft eine viel zu kurze Hose, eine gestrickte Wolljacke und eine Mütze waren vielfach die gesamte Garderobe der Schulkinder. Ich sehe sie noch, die Mädchen, die blau gefrorenen Hände in den Jackenärmeln vergraben und der Kittel am Saum steif gefroren vom Waten durch den tiefen Schnee.

Bei der Schulmesse – zwischen Gloriasang, Weihrauchduft und Hochgelobt – tauten sie dann langsam auf, die Schneebällchen auf den Strümpfen, und die Schuhe ließen sich wieder mit den Zehen biegen. Kleine Rinnsale bedeckten den Boden unter der Kirchenbank. Ich hatte es gut, meine Mutter nähte mir einen braunen Wintermantel. Er wurde jedes Jahr verlängert und die Nähte immer wieder ein wenig herausgelassen. Ich hatte ihn fast während der ganzen Schulzeit. Den „braunen Trottel" habe ich ihn mit der Zeit genannt.

Die Schulkinder wurden aufgrund ihrer Herkunft in Gruppen eingeteilt: die Plattner, sie hatten den längsten und steilsten Schulweg, die Riedinger, die hatten es auch nicht viel besser, die Greinwaldner und Issinger hatten einen langen, aber halbwegs guten Schulweg. Wir waren die Honigberger, der Honigberg liegt etwa eine Dreiviertelstunde abseits des Dorfes.

Der Berg wurde seinem Namen gerecht, denn jeder Hof hatte ein eigenes Bienenhaus. Das unsere war immer leer. Vater konnte mit Bienen nicht umgehen, und somit war Honig für uns eine teure Kostbarkeit. Da mussten wir uns schon anstrengen und ordentlich husten, bis es endlich einen Löffel Honig gab. Meine Geschwister und ich benutzten das Bienenhaus zum Spielen, die Katzen sonnten sich auf dem Dach, und unser Knecht heftete die Maulwurfsfelle an die Wände, denn nur getrocknet konnte er sie verkaufen. Da der Honigberg sehr sonnig ist, hätten wir Honigberger auch ein sehr sonniges Gemüt, wird uns jedenfalls nachgesagt.

Das Zeitalter der Technik kam spät zu uns

Keiner der Honigberger Höfe hatte Stromanschluss, nur wenige eine Wasserleitung. Es sollten noch einige Jahre vergehen, bis es wiederum mein Vater war, der alle unsere Nachbarn überzeugte, dass wir einer ganz neuen Zeit entgegengehen würden. Die Vorbereitungen zum Bau der Strom- und einige Jahre später der Wasserleitung wurden getroffen. Vater machte alle Behördengänge und teilte die Arbeiten zur Verlegung der Leitungen ein. Die Löcher zum Einsetzen der Holzmasten sowie die tiefen Gräben für die Wasserleitung wurden nur mit Pickel und Schaufel ausgehoben. Wochenlang haben die Bauern damals gegraben. Das Zeitalter der Technik hatte uns 1948 noch nicht erreicht. Viele ältere Leute wollten das Wasser aus den Eisenröhren nicht trinken. Das Bohren der Holzwasserrohre gehörte aber der Vergangenheit an. Der zwei Meter lange Bohrer hing nur mehr in der Abstellkammer.

Bei so manchen Problemen, welche die Bauern hatten, suchten sie unseren Vater auf. Vater war für viele das, was man heute einen Volksanwalt nennen würde. Er verfasste Schreiben an die verschiedensten Behörden, so manche Fahrt nach Bozen verhalf den Bauern zu ihrem Recht. Vater wurde zu Rat gezogen bei Testamentsabfassungen, und viele Jahre war er im Gemeinderat. Er hatte auch ein besonderes Gespür für Schönes. Es musste nicht immer etwas Nützliches sein. Obwohl sein Geld stets knapp bemessen war, kaufte er ab und zu eine schöne Vase, Porzellan, und einmal brachte er von einer seiner Fahrten nach Bozen zwei schöne große Rosenkugeln mit. Grün war die eine, blau die andere. Wir hatten kein Rosenbeet – bei uns standen sie im Salatbeet, jedoch der Himmel spiegelte sich darin nicht minder schön, bald grün, bald blau.

Vater machte auch die Weinbestellungen für uns und die Nachbarn. Wein wurde damals in Hundert-Liter-Fässern bis ins Dorf geliefert, mit den Pferdefuhrwerken brachte man die Fässer dann zu den einzelnen Höfen. Die Weinbauern aus Kaltern hatte mein Vater im Gefängnis kennen gelernt. Es wurden daraus Freundschaften für ein Leben.

Einmal durfte ich mit meinem Vater nach Kaltern fahren. Ich war gerade neun Jahre alt. Natürlich fuhren wir mit dem Zug. Die erste Zugfahrt war ein großes Erlebnis. Felder, Dörfer und Schluchten flogen an uns vorbei, wir donnerten über Brücken und überquerten Flüsse. Dass es so viel Wasser gab, welches Tag und Nacht in die Ferne floss? „Ins Meer“, sagte Vater, worunter ich mir eigentlich nicht viel vorstellen konnte. Ich kannte ja nur unseren Mühlbach, dessen Wasser über große und kleine Steine sprang, in welchem Forellen schwammen und welchen wir Kinder während des Kühehütens nach Belieben umleiten oder aufstauen konnten.

In Kaltern angekommen, führte uns Vaters Freund in eine riesige Weinkellerei, die „Alte“ wurde sie geheißen. Eichenfässer, welche vom Boden bis an die Decke reichten, standen da, Reihe für Reihe. Nicht minder große Holzfässer lagerten auf schweren Bohlen. Ihre Vorderansicht war mit prächtigen Schnitzereien verziert. Sie zeigten Bilder von Heiligen, Namen und Jahreszahlen. Alle Fässer wären mit Wein gefüllt, mit altem und neuem, rotem und weißem, wurde uns gesagt. In der Ecke stand ein Tisch mit Weingläsern und einem großen Leuchter mit einer Kerze. Eine Bank zum Sitzen jedoch fehlte.

Bald kamen mehrere Bauern zu uns in den Keller. Alle begrüßten den Vater als guten Bekannten. Der frisch eingeschenkte Rotwein funkelte in den Gläsern. Es wurde über die Ernte, über Wein und Äpfel, Krieg und Frieden diskutiert. Ich stand neben meinem Vater und langweilte mich. Endlich entschloss man sich, im nahen Gasthaus etwas zu essen. Auf dem Weg dorthin begegneten uns Ochsenfuhrwerke mit schweren Bottichen, angefüllt mit reifen Trauben. „Wenn wir daheim so einen Bottich hätten, wie würden sich meine Brüder, die Mutter, die Magd und der Knecht darüber hermachen. Ich würde auch noch alle Nachbarskinder holen“, träumte ich kurz. Im Gasthaus sollte ich meine erste Erfahrung mit einem Wasserklosett machen. Wo bei uns daheim Holzwände waren, war hier alles weiß und glatt. Bei uns gab es ein ausgeschnittenes Herz an der Wand, hier war ein richtiges Fenster mit einem Spitzenvorhang. Das Klosett fühlte sich an wie Stein und gurgelte leise – neugierig zog ich am Kettchen. Ein Schwall Wasser kam von irgendwo daher und drohte über den Klorand zu schwappen. Entsetzt lief ich zurück in die Gaststube, im Glauben, dass ich eine Überschwemmung verursacht hätte und die Folgen fürchtend. Der „Kalterer Hermann“ sah meine Not, er begleitete mich zur Toilette. Dort hatte sich inzwischen alles wieder beruhigt, das Wasser war nicht mehr da, man hörte nur mehr ein leises Gurgeln. Lächelnd legte mir Vaters Freund seine Hand auf die Schultern und führte mich wieder in die Gaststube.

Damals ahnte ich noch nicht, dass wir die Generation waren, welche den Wandel ins Industrie- und Atomzeitalter mitmachen würde. Wir ahnten noch nicht, dass Werte, welche von Generationen vor uns bewahrt worden waren, langsam verloren gehen und wir uns schnell zu einer Wegwerfgesellschaft entwickeln würden. Wir ahnten auch noch nicht, welchen Tribut wir der „neuen“ Zeit zahlen würden.

Fast alles, was wir zum Leben brauchten, ist damals noch auf unseren Feldern gewachsen und in unseren Ställen groß geworden. Wir hatten sehr ertragreiche Äcker. Es gediehen Roggen, Weizen, Ha-

fer, Gerste, Klee, Kartoffeln und Erbsen. Wir hatten auch einen Rübenacker und einen blau blühenden Flachsacker am steilen Rain. Von den schrägen Äckern rutschte die Erde im Laufe des Jahres häufig ab. Deshalb musste sie im Frühjahr auf einen kleinen dreirädrigen Karren geschöpft und mit Pferd, Scheibe und Seil wieder nach oben gekarrt werden. Man nannte dies „Erdeführen". Uns ging es gut, wir hatten ein Pferd. Viele Bergbauern mussten die Erde in einem Buckelkorb nach oben tragen.
Der Mohnacker war bei uns immer am selben Ort. Obwohl uns Kinder die reifen Mohnkapseln anlockten, machten wir um den Acker einen großen Bogen. Im Mohnacker hocke der „Blutschinken", flüsterte uns die Magd, die Burge, geheimnisvoll zu. Ein Ungeheuer sei es, das den Kindern das Blut aussauge, jenen, welche Mohnkapseln abrissen. Der „Blutschinken", war er ein Wurm? War er ein großes Tier? Auf alle Fälle war er gefährlich! In einiger Entfernung vom Mohnacker vernahmen wir noch das Geräusch, welches er machte. Viel später, als wir an diese und an noch viele andere Gruselgeschichten nicht mehr glaubten, wussten wir es, es war der Wind, welcher durch die verdorrten Mohnblätter säuselte. Wenn es Herbst wurde und Burge die reifen braunen Mohnstängel abschnitt, sie bündelte und dann am Futterhaussöller zum Trocknen aufhängte, war der „Blutschinken" plötzlich verschwunden. Auf dem Söller konnten wir nach Herzenslust Mohnkapseln öffnen und uns den reifen grauen Mohn genüsslich in den Mund rieseln lassen. Haben wir nach dem vielen Mohngenuss etwa gut geschlafen? Ich weiß es nicht mehr. Ich, als die Einzige meiner vielen Geschwister, weiß aber noch, wie es während und ein paar Jahre nach dem Krieg war, wie sparsam wir mit Kleidern, Wäsche und hauptsächlich Schuhen umgehen mussten. Die Kleider wurden vom Größten bis zum Kleinsten weitervererbt. Meine Mutter vergrößerte und flickte sie immer wieder, damit sie noch und noch ein Jahr getragen werden konnten.

Jedes Jahr kam der Schuster auf den Hof. Der Geselle schleppte die Werkzeugkiste und die Lederrollen, das dicke Rindsleder und das kostbare Kalbsleder. Das Werkzeug wurde in der Stube ausgebreitet. Und wir alle, einschließlich Eltern und Gesinde, kamen der Reihe nach dran. Die Füße wurden abgemessen, die passenden Leisten ausgesucht. Dann fragte man uns nach den Wünschen. Im Angebot standen: die mit Haken genagelten Schuhe, die mit Gummisohle, die mit Mauskopfnägeln. Die vornehmsten waren natürlich die „Schäftenschuhe" mit beschlagenem Absatz, ansonsten glatt. Diese Schuhe bekamen die Mutter und die Magd.
Wenn wir Glück hatten, passten die Schuhe von Anfang an. Es konnte jedoch passieren, dass sie scheuerten und die groben Strümpfe auch noch das ihre dazutaten, dass an den Fersen schmerzende Flecken auftraten. Nur mehr ein Verband und Johannisöl oder die von der Mutter selbst hergestellte Heilsalbe konnten da noch helfen.
Der Schuster arbeitete bei uns meistens acht bis zehn Tage, die ganze Stube roch nach Leder. „Macht endlich die Stubentür zu, ihr Fratzen, es zieht so!", schrie er uns oft an. Ansonsten war der Meister jedoch recht gutmütig. Für den Schuster wurde immer extra gut gekocht, keine Bäuerin wollte in Verruf kommen. Was er an Essen übrig ließ, durften wir Kinder uns „ausraufen". „Die Knödel darfst du nicht alle essen", flüsterte ihm mein kleiner Bruder ins Ohr. „Gell, Gustl, wenn du stirbst, schenkst du mir dein ganzes Werkzeug", bettelte er treuherzig.
Einmal im Jahr kamen auch der Scherenschleifer, der „Klemperer", der Wetzstein- und Sensenhändler. Der Klemperer lötete Schüsseln, durchlöcherte Kessel und Pfannen, er reparierte auch die kaputten Regenschirme, welche es bei uns immer gab. Auffallend war, zur damaligen Zeit gab es keinen Müll. Ich weiß sie noch, die Zeit ohne irgendwelches Plastik, wir hatten keine Dosen und nur ganz wenig Glas, von dem nichts weggeworfen wurde. Es

Die jüngeren Geschwister Kathi, Hubert, Anni, Toni und Luise (von links nach rechts)

gab keine gefährlichen Farben, keine Lacke, keinen Sondermüll. Selbst mit Papier wurden wir angelernt sparsam umzugehen. Die kaputten Kartoffelsäcke hat man jedes Jahr geflickt. Schnüre und Bänder kamen in die Schublade.

Etliche Jahre nach dem Krieg fuhr bei uns noch kein Auto, man sah ganz selten ein Motorrad. Es gab keine Lastwagen, keine landwirtschaftlichen Maschinen, keine Wasch- und Spülmaschine, keine besonderen Waschmittel und wohl nur für die oberen Zehntausend verschiedene Kosmetika. Zu diesen gehörten wir nicht. Für unsere Körperpflege reichten Wasser und Kernseife – und während des Krieges hatte es auch keine Seife mehr gegeben. Aus Schweinefett, Kräutern und Laugenstein hatte meine Mutter die Seife selber gemacht.

Gebadet wurden wir im großen hölzernen Waschzuber, wenn möglich alle im selben Wasser. Das war noch in der Zeit, in welcher wir das Wasser vom Hofbrunnen holen und im Waschkessel am Holzherd heiß machen mussten. Für die jüngeren Geschwister schüttete meine Mutter, auf Anraten der Hebamme Monika, noch einen Lavendelsud ins Badewasser, damit die Beine stark würden. Starke Beine bekamen wir – und die haben wir wohl auch gebraucht.

Wir sammelten nicht nur Lavendel fürs Badewasser, sondern auch Lindenblüten und Holunder gegen das Fieber. Johanniskraut wurde in Öl angesetzt und jegliche Wunde hat man damit verarztet. Kamille bewahrten wir in Stoffsäcken auf, sie half gegen Bauchschmerzen. Brennnesseltee trank unser Vater bei Magenbeschwerden. Eine Bettflasche hatte nur das Allerkleinste, wir wärmten unseren Ziegelstein im Backrohr und legten ihn, wenn es Winter und besonders kalt war, ins Bett. Einer meiner Brüder nahm anstatt des Ziegelsteins die graue Katze mit.

Unsere Mutter ging jeden Abend ins Bubenzimmer, und da ich zur damaligen Zeit nur ganz kleine Schwestern hatte, setzte ich mich auch zu den Buben. Der ganze Tag wurde durchgesprochen, Mutter

Meine Brüder Seppl, Hansl und Hartmann

erzählte uns manchmal eine Geschichte oder prüfte nochmals alle Religionsfragen durch. Währenddessen wurde die Katze ganz tief unters Federbett geschoben, Mutter duldete keine Katze im Bett. Wollten wir am Bruder aus irgendeinem Grund Rache nehmen, wiesen wir die Mutter auf die außergewöhnliche Erhöhung des Federbetts hin.

In der Früh und abends vor dem Schlafengehen machten uns die Eltern ein Kreuzzeichen. Selbst als wir erwachsen wurden und für längere Zeit das Elternhaus verließen, stand stets die Mutter mit dem Weihwasser am Haustor.

Bevor wir in die Schule mussten, kannten wir unser Heimatdorf nicht. Wir waren immer daheim und fühlten uns dort auch wohl. Unser Kindergarten waren der Feldrain, der Wald und der Bach. Wir trafen uns mit den Nachbarskindern – auch die waren in allen Alterstufen und allen Größen. Häuser bauen, Bach umleiten und aufstauen, Wasser in Wein verwandeln – dies konnten nur mein Bruder

und Nachbars Hansl. Was sie auch taten und wie viel sie dabei fantasierten, am Ende des Nachmittags war das Wasser halt immer noch Wasser, umgeschüttet von den weißen in grüne Flaschen.
Wir suchten die ersten rosa blühenden Eriken im Frühjahr und naschten heimlich von Nachbars Birnen im Herbst. Auch wussten wir, wo die meisten Schwarz- und Preiselbeeren zu finden waren, und schauten fleißig nach, ob Nachbars Pflaumen und Marillen schon reif waren.
In unserer engsten Nachbarschaft gab es, uns miteingeschlossen, fünfundzwanzig Kinder. Wir stritten uns auch und feierten darauf Versöhnungsfeste. Wir kamen ganz gut zurecht, solange sich unsere Mütter nicht einmischten. Denn natürlich glaubte jede unserer Mütter, ihr Kind wäre immer brav und friedlich, dem war aber nicht so. Nach einem „Kampfangriff" in Form einer erbitterten Schneeballschlacht, welche des Öfteren auf dem Heimweg aus der Schule ausgetragen wurde, kamen meistens die „Gewinner" und die „Verlierer" patschnass daheim an. Schlimm war es fürs Mutterherz, wenn sein Kind dann auch noch zu den Verlierern gehörte.
Gar bald wurden wir jedoch alle mitsammen ganz fromm. Wir veranstalteten Beerdigungen, wobei freilich keiner von uns recht gern den Toten spielte, denn nach der Feier war er nass, so großzügig gingen wir mit „Weihwasser" (sag Brunnenwasser) um. Wir hielten Prozessionen ab, mit Pfarrer und Musikkapelle. Mutters Pfannen und Töpfe fanden dabei Verwendung. Je mehr Töpfe, desto größer die Kapelle. Je mehr Topfdeckel, desto größer der Krach. Unser Bruder spielte immer den Kapellmeister und strahlte auch die seinem Amt entsprechende Würde aus. Vater kaufte für uns einen roten Stoff mit weißen Punkten, Mutter nähte die Fahne. Vater wollte uns noch eines der Herz-Jesu-Bilder, welches in der Kammer hing, auf die neue Fahne heften, worauf Mutter heftig protestierte. Alle Nachbarskinder waren Prozessionsteilnehmer – es gab viel Fußvolk.

Hubert mit unseren „heiligen" Kühen

Unsere Kindheit bestand jedoch nicht die ganze Zeit aus Feiern und Nichtstun. Langsam wurden wir mit jeder Arbeit, welche am Hof zu verrichten war, bekannt gemacht. Je nach Alter und Größe wiesen uns die Eltern große und kleine Aufgaben zu. Tagelang waren wir mit Bohnenausschoten beschäftigt, bis endlich die Bohnentruhe voll war. Mit einem kleinen Eisenrechen die Maulwurfshügel eineb-

nen, Steine aufklauben, Eschenlaub abzupfen – zwei Körbe voll täglich, die Blätter der weißen Krautrüben abschneiden und die schweren Runkelrüben ausreißen, das waren nur einige unserer Arbeiten. Ich als die „Große“ führte natürlich die Arbeitstruppe an. O Gott, was haben wir dabei gestritten. Doch unser Vater durfte von unseren Reibereien ja nichts mitbekommen. Strafen und wahrscheinlich Schläge für uns alle hätten wir uns damit eingehandelt.
Wir mussten auch täglich die Kühe auf die Weide treiben. Bei dieser Arbeit halfen die kleinen Geschwister mit. Wiederum lag es an mir, an der Großen, nicht nur die Kühe, sondern gleichzeitig auch die Geschwister zu hüten. Die Zeit des Hütens wurde den Kleinen oft zu lang, sie weinten und raunzten. Gott verzeih mir, ich brüllte sie häufig nieder. Die Kühe wollten öfter nicht, wie wir wollten, und liefen plötzlich alle ins Getreide oder standen knietief im Klee. Wir bekamen dann vom Vater viele Schläge, wo wir doch der Meinung waren, nicht wir, sondern die Kühe hätten die Strafe verdient. Kühe sind nicht nur in Indien – nein, sie waren auch bei uns heilig.
Den ganzen Sommer über, außer am Sonntag, gingen wir barfuß. Über Äcker, frisch gemähte Wiesen, Stoppelfelder und Waldwege. Wir entwickelten ein Gespür, wie man auftreten oder dahinschleifen musste, sodass weder Steine noch Stoppeln schmerzten. Jedoch bei allem Können hat es die große Zehe halt doch manchmal erwischt, und wieder einmal stülpte sich eine Zehenkappe nach hinten. Wenn es ganz schlimm war, legte die Mutter einen Verband um die Zehe. Aber meistens wurde ohne die Hilfsmittel der Medizin die Wunde wieder geheilt. Schlimmer war's, wenn einer in einen rostigen Nagel oder auf eine Glasscherbe trat. Dem wurde dann nicht nur ein Verband angelegt, er musste zudem die roten „Gummipatschen“, welche es nach dem Krieg zu kaufen gab, anziehen.
Zu der Zeit wurde bei uns daheim alles von Hand gemacht, das hab ich noch gut in Erinnerung. Ich schaute zu beim Flachssäen

und sah ihn blühen, den hellblauen Flachsacker. Die reifen braunen Stängel wurden am Ackerrain ausgebreitet, getrocknet und dann in der „Brechlhütte“ über dem Feuer geröstet. Mit den hölzernen „Brechlschwertern“ wurden die Fasern weich geschlagen, weitergereicht und durch die spitzen „Eisenhachln“ gezogen, geschüttelt und geschlagen und endlich zu schönen, weichen „Haarreisten“ gedreht, welche im Winter von den Mägden auf großen Spulen versponnen wurden.
Endlich konnte der Weber kommen. Der große Webstuhl wurde aufgebaut, und bald sah man das Schiffchen durch die aufgezogene Kette sausen und hörte das Knarren des Webstuhls. Leinenrollen stapelten sich auf der Bank. Das Leinen wurde dann in Laugenwasser gekocht und an der Sonne getrocknet. Zum Trocknen wurde es ins Gras gelegt und immer wieder mit Wasser besprengt. Es dauerte Tage, bis das Leinen die gelbe Farbe verlor und weiß wurde. Wenn es dann endlich so weit war, wurde der Stoff in gut getrocknetem Zustand zu einem Ballen geformt, mit einem roten Seidenband verziert und in der schönen Truhe aufbewahrt.

Das Mehl war der Lohn eines Arbeitsjahres

Zur Zeit der Ernte brauchte es jede Hand auf dem Feld und in der Scheune. Erbsen, Buchweizen und Kleesamen ließen sich nur bei hellem und schönem Wetter trennen. Die Ernte wurde lagenweise auf dem Tennenboden ausgebreitet. Mit langen, gebogenen Birkenknüppeln oder Dreschflegeln schlug man so lange auf das Getreide ein, bis sich die Samen vom Stängel lösten. Die Spreu wurde dann mit einer großen Gabel weggeschöpft. Das Sieben der Körner mit groben Sieben zog sich über mehrere Tage. In der von Hand getriebenen Windmühle und in der ebenfalls von Hand getriebenen „Kornputze" erfolgte die letzte Reinigung.

Es gab viel Arbeit, bis unsere in Boxen unterteilte Truhe mit Bohnen, Erbsen, Buchweizen und Mohn angefüllt war. Für das Brotgetreide hatten wir eine von einem Benzinmotor angetriebene Dreschmaschine. Auch das Futter für die Kühe musste nicht von Hand geschnitten werden, die Futtermaschine wurde jedoch von Hand getrieben.

Beim Dreschen mussten wir Kinder das Stroh wegziehen und einen bis unters Dach reichenden Strohstock auftürmen. Dabei wurden wir nicht nur sehr müde, wir waren auch grau vor Staub. Oft ging der Motor der Dreschmaschine kaputt oder es brach ein Lederriemen. Vater war dann zornig und fluchte, er drohte, den Motor weiß Gott wohin zu werfen. Wir Kinder betrachteten die Pause als Geschenk des Himmels und verkrochen uns in den Strohhaufen, mit

Unser Brot wuchs am Steilacker

dem Wunsch, dass der Vater den Motor ja lange nicht zum Laufen bringen möge.
Das Brotgetreide wurde wiederum durch alle Siebe gesiebt, es rieselte durch Windmühlen und Kornputze, bis es endlich in die sich im Wohnhaus befindende Kornkammer getragen wurde. An den Wänden entlang standen große braune Holztruhen. Sie waren so hoch, dass selbst die Männer eine gezimmerte Holztreppe benutzen mussten, um die schweren Kornsäcke, welche sie auf den Schultern trugen, zu entleeren. Unser Vater wirkte sehr müde, und wir hüteten uns, ihn mit irgendeiner „Untat" zum Zorn zu reizen. Wenn das Jahr gut war, wurden alle Truhen mit goldgelbem Weizen und leicht grünbraunem Roggen angefüllt. Nun machte unser Vater mit der Hand ein tiefes Kreuzzeichen in das Getreide, er war erleichtert und wieder guter Dinge, und somit war auch für uns Kinder die Welt wieder in Ordnung.

Als schon mehrere meiner Geschwister zur Schule gingen, kaufte der Vater eine durch einen Elektromotor angetriebene moderne Dreschmaschine. Die ganze Arbeit wurde dadurch leichter, das Korn fiel schon gereinigt in die bereitstehenden Säcke. Futtermaschine, Siebe, Windmühle und Kornputze wurden aufs Abstellgleis geschoben. Die moderne Technik erreichte nun unseren Hof. Eine elektrische Güllepumpe wurde auch gekauft. Darüber freuten wir Kinder uns überhaupt nicht. Wir mussten die langen, schweren Rohre, durch die dann später die Gülle gepumpt wurde, weit auf die Felder hinaustragen und zusammenkuppeln. Sobald die Güllegrube leer war, mussten alle Rohre wieder in den Schuppen gebracht werden.

„Der Mond steht im guten Zeichen, diese Woche werden wir Brot backen“, sagte unsere Mutter. Brotbacken war ein Fest für mich und meine Geschwister. Schwere Holzblöcke wurden in die Stube geschleppt und mit viel Gepolter zurechtgerückt. Der „Mittn“ musste nämlich gut und auf rechter Höhe stehen, denn das Teigrühren war ohnedies eine schwere Arbeit und wurde vielerorts von den Männern erledigt. Die prall gefüllten Mehlsäcke standen reihenweise auf den Bänken.

Das Mehl war der Lohn eines Arbeitsjahres auf den Kornäckern, in der Scheune und in der Mühle. Wir alle trugen dazu bei, die großen Kinder mit schwerer Arbeit, die kleinen Geschwister mussten unentwegt Wasser tragen, denn die Sonne brannte heiß auf unsere schmerzenden Rücken und unser Durst war groß. Auch das Ährenaufklauben war die Arbeit der Kleinen. Unser Vater legte großen Wert darauf, dass keine reife Ähre auf dem Boden liegen blieb. Da ich schon etwas älter war, musste ich Garben binden. Die ständig gebückte Haltung gab mir manchmal das Gefühl, die Grenze meiner Belastbarkeit erreicht zu haben. Bunte Bälle prallten vor meinen Augen aufeinander und ich wurde ganz benommen. Gewiss war es auch die große Hitze auf dem Kornacker. Nebenbei wollte Vater

Nach getaner Arbeit bei der Rast am Feldrain

uns immer neu anspornen mit dem Spruch: Säen musst du, willst du ernten, nur die fleißige Hand wird ruhn! Wir Kinder konnten und wollten dem weisen Spruch oft gar nichts abgewinnen.
Aber Brotbacken schon, da hätten wir gerne mitgeholfen, doch keiner konnte uns brauchen – ab und zu wurden wir regelrecht verscheucht. Wir stünden immer am falschen Platz, würden voll Mehl und Teig und behinderten nur die Arbeit, wurde uns gesagt. Aus sicherer Entfernung schauten wir aber doch zu. Aufgereiht wie die Orgelpfeifen saßen die Kleinen, und wir Großen waren darauf aus, einen guten Platz, sagen wir einen „Logenplatz", zu ergattern.
Schon seit etlichen Tagen war immer Mehl mit Wasser angerührt worden. Am Backtag aber schleppte die Mutter mehrere Kannen warmes Wasser herbei und es wurde viel Mehl angerührt. Wie das Mehl staubte! Die Magd, welche den zähen, schweren Teig bearbeitete und ihn wiederholt vom einen Ende des Backtrogs zum anderen hob, bekam vom vielen Mehlstaub ganz weiße Haare. Mutter trug ein Kopftuch. Zigeunerkraut, Koriander, Fenchel, Salz

und Kümmel wurden in den Teig gestreut, und ein Schuss Weihwasser durfte nicht fehlen. Der Duft des Sauerteigs zog durchs ganze Haus, um sich bald mit dem Geruch des Holzfeuers und der ersten braun gebackenen Brote zu vermischen. Für mich und meine Geschwister war dies wohl der Geruch des Daheim- und des Sattseins, der Geruch von Nähe und Wärme.
Zwei Brotbacktage im Jahr, einen im Frühjahr und einen im Herbst, durften wir erleben. Ich bin davon überzeugt, keines meiner zehn Geschwister wird den Brotbacktag je vergessen haben. Er begann schon um zwei Uhr Früh und dauerte bis zum Abend. Im Laufe des Tages wurden wir größeren Kinder gebraucht. In einem Buckelkorb trugen wir die Brote vom Backofen auf den Dachboden. Dort wurden sie dann – an die sechs- bis siebenhundert Stück – in die Brotrahmen gelegt. Die Brote mussten alle in dieselbe Richtung schauen, nämlich zur Kornmutter nach Ehrenburg.
In der „Bittwoche", dies ist die Woche vor Pfingsten, wurden in unserer Pfarrgemeinde die täglichen Bittgänge abgehalten. Jeden Tag besuchten wir eine andere Kirche unserer Umgebung. „Dass du die Früchte der Erde geben und erhalten wollest", klang unser aller Beten durch die Felder und Fluren. Der letzte Bittgang führte uns zur Kornmutter Maria im Ährenkleid nach Ehrenburg. Kein Bauer, der etwas auf sich hielt, blieb diesem Bittgang fern. Die Bittgänger des halben Puster- und des ganzen Ahrntals trafen sich bei der Kornmutter. „Dass du die Früchte der Erde geben und erhalten wollest. Hilf, dass wir unser Brotgetreide wieder glücklich in die Scheune bringen", hat ganz gewiss auch Vater bei der Kornmutter gebetet. Als Dank sollte es gelten, dass unsere vielen Brote alle in ihre Richtung zeigten. Unsere Mutter wollte es so, und so war es richtig!
Die Mutter war es, welche das erste neue Brot mit einem Kreuzzeichen segnete und es anschnitt. Jeder von uns erhielt ein Stück, ein wenig blieb auch noch für sie. Nun sollten auch alle unsere Nach-

barn vom neuen Brot bekommen. Den guten Duft des frischen Brotes sowie den Rauch des Holzfeuers hatte der leise Lufthauch sowieso schon über den halben Honigberg hinweggetragen. Brote austeilen durften wir Kinder. Freudig zogen wir los, mit den Broten in bauchigen Stofftaschen. Für unsere Dienste bekamen wir von den Beschenkten ein Hühnerei oder ein Stück in sauren Rahm und Zucker getauchtes Weißbrot.
Weißbrot war in meiner Kindheit etwas ganz Besonderes. Zum Geburtstag gab es dazu meistens ein Spiegelei. Ich hab das meine fast immer auf dem Plumpsklo gegessen, dies war der einzige Platz, wo man allein sein konnte. Teilen wollte ich nicht, und dass mir meine Geschwister beim Essen nur zusehen mussten, vertrug ich auch nicht.
Es waren die ersten Jahre nach dem Krieg, meine Mutter schickte mich mit einer Tasche voll Brot zu einer Tagelöhnerfrau. Sie wohnte nicht in unserer unmittelbaren Nachbarschaft. Die Familie lebte von dem, was der Vater als Tagelöhner verdiente. Zehn Kinder saßen dort um den Stubentisch, und ihre Mutter wusste oft nicht, wo ein und aus. Mit einem schönen Gruß von meiner Mutter reichte ich ihr die Tasche. Die Frau nahm mir die Brote ab, kniete sich vor dem Herrgottswinkel nieder und rief laut: „Vergelt's Gott, vergelt's Gott, jetzt kann ich wieder Brennsuppe kochen."
Das Erlebnis hat sich mir tief eingeprägt. Nie wäre es uns Kindern eingefallen, Brot wegzuwerfen. Milch und Roggenbrot war sehr oft unser Abendessen, hartes Brot mit Butter unsere Schuljause. Zum Kühehüten nahmen wir Hosen- und Schurztaschen voll harter „Brecke" mit. Die Brotkrümel, welche auf den Boden fallen, sammelt der Teufel. Er verwandelt sie in Steine und wird sie dem um die Ohren schlagen, der das Brot gering schätzt. Das wussten wir einfach! Jeden Monat einmal war Kinderkommunion. Den langen Schulweg mussten wir natürlich nüchtern zurücklegen. Zum Frühstück durften wir uns dann zur selber mitgebrachten Milch einen weißen

„Bitschen" kaufen und diesen im Klassenzimmer essen. Warum haben wir uns etwa so auf die monatliche Kinderkommunion gefreut? Der Honigberg war unser aller Heimat. Wir teilten nicht nur unser Brot mit den Nachbarn. sondern auch Freud und Leid. Man nahm Anteil an Hochzeit, Geburt und Tod. Am Abend des Hochzeitstages lud das Brautpaar die Nachbarn in die Stube. Mit Musik, gutem Essen und Tanz wurde gefeiert. Einen Hefezopf, weißes Brot oder ein Suppenhuhn schenkten sich die Bäuerinnen, wenn wieder ein neues „Poppele" im Stubenwagen lag. Ein paar Baumwolljäckchen, Windeln, ein Schnuller, die Milchflasche, eine feine Seife, eine Dose Puder und die kupferne Wärmflasche lagen schon bereit. Für Notfälle ein Fläschchen „Kinderbalsam" und getrocknete Kamillen, mehr brauchte man damals fürs Poppele nicht.
Von einer Zusammengehörigkeit zeugte auch der Schmerz, wenn einer unserer Nachbarn starb. Oft sahen wir schon Tage vorher den Pfarrer mit der Krankenkommunion des Weges kommen, worauf wir am Wegrand niederknieten und den Segen empfingen. Meine Gedanken gingen dann wohl mit unserem Pfarrer und dem Ministranten mit, hin zu den Großmüttern und -vätern, welche hinter dem Ofen oder auf der Bank vor dem Haustor saßen und an deren Anblick wir uns so gewöhnt hatten, während wir mit Nachbars Kindern in der Stube spielten oder ums Haus tobten. Sie waren nun dabei, ihre Stube, Stall und Feld, ja den ganzen Honigberg langsam zu verlassen. Sie durften damals noch alle daheim sterben, dort wo sie gelebt, gearbeitet, sich gefreut und oft auch schwere Schicksale ertragen hatten.
Der Tod gehörte auch schon für uns Kinder zum Leben. Er stimmte uns sehr traurig, aber wir mussten lernen damit umzugehen. Beim Klang der Sterbeglocke zündete unsere Mutter eine an Maria Lichtmess geweihte Kerze an. Gemeinsam beteten wir den Sterbeablass. Erst am Abend gingen wir ins Trauerhaus zum Rosenkranzgebet. So hielten wir es auch am Todestag meiner so geliebten Ritschmutter.

In Begleitung meiner Eltern und Geschwister betrat ich die vertraute Stube. Die Wände schienen schwerer, dunkler, die bunten Bilder hingen nicht mehr dort. Ritschmutters Strohhut, Schultertuch und Stock waren weggeräumt, die Vorhänge an den Fenstern zugezogen. Die Stubenuhr stand still. Schwarz gekleidete Verwandte saßen auf der Ofenbank. Da lag sie nun, die Ritschmutter, im Herrgottswinkel, auf eine Bahre gebettet und mit einem weißen Leinentuch bedeckt. Durch meine Tränen sah ich die Umrisse ihres Kopfes. Die leichte Wölbung verriet ihre Nase, eine zweite, größere Wölbung ihre gefalteten Hände, bis zu den Umrissen ihrer Füße konnte ich ihren mageren Körper nur erahnen.
Je zwei Kerzenleuchter, in denen die Kerzen unruhig flackerten, und ein paar ihrer blühenden Geranien standen längs der Bahre. Am Fußende befand sich ein Tischchen, verhüllt von einem weißen Tuch, dem „Versehtuch“. Es war mit einem frommen Spruch über den Tod und die Auferstehung bestickt. Die rotgoldene Schale, welche ich im Glasschrank immer so bewundert hatte, stand mit Weihwasser gefüllt neben dem schwarzen Kruzifix und dem geweihten Öllichtlein. „Herr, gib ihr die ewige Ruhe“, hörte ich einen unserer Nachbarn immer und immer wieder beten, währenddessen ich inmitten der Erwachsenen stand und mit zerrissenem Herzen von der Ritschmutter Abschied nahm. Ich war so allein gelassen. „Alles, was dich nicht umbringt, macht dich nur stärker!“, hieß es damals. Die Menschen unserer Zeit liebten uns, konnten es jedoch nicht zeigen. Ihnen war es noch viel weniger gezeigt worden. „Vergelt's Gott fürs Beten, vergelt's Gott für die armen Seelen“, hörte ich die Totenfrau danken, während ich das Rosmarinzweiglein ins Weihwasser tauchte, um der geliebten Toten den letzten Gruß zu bringen.
Der Vorbeter, unser Nachbar, war auch der Sargmacher, eigentlich war er Zimmermann. Erst am Vorabend der Beerdigung wurde der Sarg ins Trauerhaus getragen. Das In-den-Sarg-Legen war für die

Familie noch einmal ein Aufwühlen des ganzen Schmerzes. Ein weiches Kissen unter dem Kopf, das Sterbekreuz und der Rosenkranz sowie geweihte Kräuter und Palmzweige wurden dem Toten für seine Reise in die Ewigkeit mitgegeben. Der Verstorbene trug das beste Gewand und gute Schuhe, er hatte einen weiten Weg vor sich. Ringe und Ohrringe nahm man dem Toten ab. Metall solle im Fegfeuer noch einmal so heiß werden und noch einmal so schmerzen, sagten uns die alten Basen.

Sechs Särge musste unser Nachbar für seine eigenen Kinder zimmern. Kinder hat man auf dem Totenbett nicht zugedeckt. Sie bekamen ein weißes Kleid und wenn es ein Mädchen war, ein Kränzlein ins Haar. Der Tod wurde bei uns nicht verdrängt, jedoch ein wenig Trost und eine Hand, die uns durch den Schmerz und durchs Dunkel geleitet, hätten wir gebraucht.

Da früher die Begräbnisfeier immer am Vormittag stattfand, wurde schon am Tag vorher um 12 Uhr, in drei Absätzen, eine halbe Stunde lang „Schiedung" geläutet – ein letzter Gruß unserer Kirche an den Toten. Selbstverständlich wurde der Tote von all seinen Nachbarn und Verwandten auf seinem letzten Weg hin zum Friedhof begleitet. Nachbarn trugen den Sarg. Bei jedem Kreuz, welches am Wegrand stand, wurde „Totenrast" gehalten, und beim Klang der Trauerglocke betete man fünf Vaterunser. Die Frauen trugen brennende Kerzen. Es waren ganz dünne Kerzen, meterweise aufgewickelt zu einem „Wachsstock".

Auch an Allerheiligen und bei den Totenmessen stand der brennende Wachsstock, eingehüllt in schwarzes Krepppapier, vor uns auf der Kirchenbank. Er leuchtete für die armen Seelen. Wenn wir Mädchen aus dem Schulalter herauswuchsen, schenkten uns die Eltern oder oft auch die Patin nicht nur einen Perlmuttrosenkranz und unser Schott-Messbuch, sondern auch den Wachsstock. Er wurde mit unseren übrigen Habseligkeiten im Kasten sorgfältig aufbewahrt.

Wenn der Trauerzug nach einem ein- bis zweistündigen Weg auf dem Friedhof ankam, sprach der Pfarrer die Gebete der Kirche über den Toten. Der Sarg wurde in die Erde gesenkt. Es war Brauch, dass die Kinder des Toten diese traurige Aufgabe übernahmen. Öfter hörte man bei der Geburt des vierten Buben da und dort sagen: „So, jetzt haben wir die vier Buben, sie werden uns ins Grab legen.“ Die Gedanken an Geburt und Tod lagen ganz eng beisammen.
Blumenkränze und kostbare Gestecke gab es keine. Meistens bedeckte ein Blechkranz mit bunten Stiefmütterchen den Sarg. Nach dem Sterbegottesdienst trug man den Kranz wieder heim, damit er jedes Jahr zu Allerseelen das Grab des Toten erneut schmücken konnte. Nach der Beerdigung und dem Trauergottesdienst wurde dann ins nahe Gasthaus geladen. Bei Fleischsuppe und Wein legte sich die Trauer bei den nicht direkt beteiligten Gästen, und langsam holte uns alle der Alltag wieder ein. Ein schöner Brauch war es, die übrig gebliebene Fleischsuppe und Brot, im Gedenken an den Toten, an arme Dorfbewohner zu verteilen.
Ich ging schon ein paar Jahre zur Schule, als unsere Mutter und ein kleiner Bruder schwer erkrankten. Diphtherie war damals fast ein Todesurteil. Die Mutter unseres Kindermädchens starb zur gleichen Zeit an derselben Krankheit. Es gab noch kein Penicillin, und auch ins Krankenhaus wurde damals niemand gebracht. In meiner ganzen Kindheit und Jugendzeit hat keiner aus unserer Familie das Krankenhaus auch nur betreten. Der Hausarzt jedoch wurde oft gebraucht.
An unserer Mutter ging damals der Tod wohl haarscharf vorbei. Meine kleinste Schwester wurde zur Nachbarin gebracht, und wir alle durften unseren Hof vierzig Tage lang nicht mehr verlassen. Ich hab in den „schulfreien“ Wochen unsere große Truhe richtig durchsucht. Sie stand in der Kammer, ganz schwer. Mein Bruder und ich hoben mit vereinten Kräften den Deckel hoch und lehnten

ihn weit zurück an die Wand. Nur so konnte ich in die Truhe klettern und befand mich mitten in Mutters Büchern, Zeitschriften und Heften. Aus ihrer Lehrerinnenzeit lagen sie da, fein geordnet und aufgestapelt. Stundenweise saß ich in der Truhe und las den „Kleinen Postillion", Schulbücher, Gedichtbände, Naturkundebücher – auch ein buntes Vogelbuch war dabei.
Allerdings hab ich das Vogelbuch später in der Schule für eine Orange eingetauscht. Es war die erste Orange, welche wir, das heißt die ganze Schulklasse, sahen. Amerikanische Soldaten hatten einige der süß-sauren Früchte im Elternhaus meiner Klassenkameradin zurückgelassen. Nicht jede von uns konnte ein buntes Vogelbuch für so ein begehrtes Objekt bieten. Als jedoch eine Schulfreundin, deren Schwester geheiratet hatte, ein Stück gelber, luftiger Torte, verpackt in Tortenspitzenpapier, in die Schule mitbrachte und in der Pause unterm Birnbaum vor unser aller Augen verspeiste, hätte auch das bunteste Buch nichts genützt. Sieben Eier waren für die Torte aufgeschlagen worden! „Sieben Eier", staunten wir ehrfürchtig. „Ich darf nichts hergeben, hat der Onkel gesagt", sprach sie und verdrückte den letzten Krümel.
Nun wieder zurück zur Truhe. Im Laufe der Zeit las ich mich durch alle Bücher. Die Geschichten voller Lebensweisheiten und Lebenskunde, die Gedichte, fröhlich, besinnlich bis traurig, wurden für mich langsam zum Pfahl, den jeder Baum notwendig braucht, wenn er aufrecht und gerade wachsen soll. In der Truhe lagen auch Vaters Notenblätter, achtzehn Jahre lang war er Flügelhornist in der heimatlichen Musikkapelle gewesen. In schönster Handschrift und kunstvollen Großbuchstaben waren all die Lieder aufgezeichnet. „Basilius Unterberger" stand am Ende der Blätter, ich kannte ihn nicht, jedoch seine Schriftzüge flößten mir Respekt ein.
Wenn wir Besuch hatten und Vater ganz gut aufgelegt war, erzählte er aus seiner Jugendzeit. Ein Gedicht, das einzige, welches ich je aus Vaters Mund vernahm, lernte er nur mir, während ich bei sei-

ner Stallarbeit im Kälberbarren saß und die Katzen streichelte. Weil es meines Vaters Gedicht war, sollte es nicht in Vergessenheit geraten:

Üb immer Treu und Redlichkeit,
bis an dein kühles Grab
und weiche keinen Finger breit
von Gottes Wegen ab.
Dem Bösewicht wird alles schwer,
er tue, was er tut.
Der Teufel treibt ihn hin und her
und lässt ihm keine Ruh.
Dann wird die Sichel und der Pflug
in deiner Hand so leicht,
dann singest du beim Wasserkrug,
als wär dir Wein gereicht.
Dann kannst du wie auf grünen Auen
durchs Pilgerleben gehen.
Kannst ohne Furcht und ohne Grauen
dem Tod ins Auge sehn.
Dann suchen Enkel deine Gruft
und weinen Tränen drauf.
Die Sonnenblumen, voll von Duft,
blühen aus den Tränen auf.

Unsere Mutter erzählte uns gern aus ihrer Jugendzeit. Sie sprach von ihren Onkeln und Basen, dem noch viel bescheideneren Leben, als es das unsere war. Sie wusste auch, warum ihre Mutter kaum lachte. Als Älteste einer großen Familie hatte diese noch als Schulkind ihre Mutter verloren. Sie wurde allein gelassen mit ihrer Not und Sorge um die Geschwister. Der Vater, ein Bergbauer in extremster Lage, musste jede Arbeit annehmen, damit die Familie

überleben konnte. Später arbeitete meine Großmutter schwer, als Magd bei verschiedenen Großbauern. Die Fröhlichkeit eines jungen Mädchens ist an unserer Großmutter einfach vorbeigegangen.
Auch wie es war, als nach dem Ersten Weltkrieg Südtirol zu Italien kam, erzählte uns unsere Mutter. Eine dunkle Zeit war es: Unsere Väter fühlten sich nirgends mehr daheim, und die Umsiedlung nach Deutschland schien die einzige Lösung. Die Drohung mit der Abschiebung nach Süditalien war für unsere Leute noch fürchterlicher. „Es ist Pflicht zu gehen!", riefen die einen. „Es ist Pflicht zu bleiben", mahnten die anderen. Familien brachen auseinander, und durch unsere Dörfer gingen Risse.
Italienische Lehrerinnen mussten sich in der Schule mit den deutschen Kindern verständigen. Die deutsche Sprache wurde verboten. Sie galt nichts mehr. Mutter war ein talentiertes, mutiges Mädchen. Aus dem so genannten „Untergrund" wurde die Bitte an sie herangetragen, sie möge den Bauernkindern Lesen und Schreiben auf Deutsch beibringen. Sie erklärte sich bereit, in Bozen und München eine heimliche Ausbildung zur Lehrerin, damals „Katakombenlehrerin", zu machen. Nach Abschluss der Kurse zog Mutter heimlich von Bauernstube zu Bauernstube, wo die Kinder auf ihre Deutschlehrerin warteten. Die Eltern der Kinder beobachteten während des Unterrichts Wege und Hoftore, auf dass sich vom Staat bestellte „Spitzel" oder die Carabinieri der Katakombenschule nicht nähern konnten.
Die Kinder lernten zu schweigen. Sie verrieten nicht, dass sie eigentlich zwei Schulen besuchten. Lange Zeit ging es gut. Die Eltern waren glücklich und die junge Lehrerin erfolgreich. Eines Tages jedoch wurde ein Deutschheft in einer Schultasche gefunden. Den „armen Sünder" hat man arg verhört. Gar bald waren die Carabinieri im Elternhaus meiner Mutter. Ihr Vater musste tausend Lire, damals viel Geld, an Strafe bezahlen und der jungen Lehrerin wurde mit Verbannung auf eine Insel gedroht. Mutter wollte aber

Großmutter zu Besuch, Aufnahme Anfang der Vierzigerjahre

ihre Schüler nicht im Stich lassen. Sie schlug die Drohung in den Wind. Unsere Großmutter jedoch wäre vor lauter Angst fast um den Verstand gekommen. Schweren Herzens gab die Tochter den Lehrberuf auf. Der Traum, Lehrerin zu sein und später in Freiheit den Beruf ausüben zu können, war ausgeträumt. Von ihrer Ausbildung in Bozen und München, von ihren Lehrerinnen Sr. Beatrix und Maria Nicolussi, von Kanonikus Gamper und all ihren Freundinnen erzählte sie uns immer wieder. Jahrelang blieb sie mit all ihren Gönnern in Briefkontakt. So manches Märchenbuch wurde uns Kindern aus Bozen geschickt.
Obwohl sich Mutter ihr Leben vielleicht anders vorgestellt hatte und ganz viel ertragen und verzeihen musste, blieb sie immer ein fröhlicher Mensch. Sie wirkte stets einen Deut feiner, offener und herzlicher als viele andere Frauen. Mutter war auch eine jener Bäuerinnen, welche es notgedrungen verstanden, aus nichts etwas und aus wenig viel zu machen. So oft stand sie in unserer kärglich eingerichteten und verrußten Küche, rührte für uns alle das Milchmus an und sang dabei:

O Mutter mild, o Jungfrau rein,
schließ alle in dein Herz uns ein,
dann sind wir ja so wohl bewahrt
auf dieses Lebens Pilgerfahrt.

Mutter sang, welch gutes Gefühl für uns Kinder. Geweint hat sie anderswo – allein.
Unsere Mutter hatte, wie damals wohl die meisten Bäuerinnen, kein eigenes Geld. Das wenige Eier- und Buttergeld reichte oft hinten und vorne nicht. Die Familie wurde immer größer und der Einkaufszettel immer länger. Wöchentlich trug ich Eier und Butter zum Händler. Schon früh im Herbst haben Mutter und ich begonnen den Einkaufszettel auf das Allernötigste zu beschränken. „Das

Mutter mit Traudl, Vater, und vorne von links nach rechts: Hartmann, Hansl, Maria und Seppl

brauchen wir nicht", mit dem Satz hatten wir ja lang schon gelernt zurechtzukommen. So begannen wir schon im Herbst vom ersparten Geld ein Paar Pantoffeln zu kaufen, bald größere, bald kleinere. Am Heiligen Abend lagen dann für alle Geschwister und für Vater neue Pantoffeln unterm Christbaum. Was bekam die Mutter? Die Weihnachtsfreude ihrer Kinder.

Ich habe schon erwähnt, dass unsere Mutter aus nichts etwas und aus wenig viel machen musste. Eine Reihe Kinder, der Vater und oft noch einige Tagwerker saßen bei den Mahlzeiten um den großen Stubentisch. „Magst mitessen", wurde gefragt, wenn irgendein Bote oder ein armer Mensch grad zur rechten Zeit kam.

Was wurde damals gekocht? In der Woche viermal gab's Knödel: Speckknödl, Pressknödl, schwarzplentene Knödel, Fastenknödel.

An Weihnachten wurde geschlachtet, da bekamen wir Blut- und Leberknödel, Blutnudeln, Käs- und Specknocken, Kartoffelplattlan, Kartoffelribler, Schmarren, schwarzen Plenten, „Tirtlan“, „Nigilan“, Hasenohren und Schlutzer. Zu den Knödeln aßen wir im Sommer grünen Salat und „Rohnen“, im Winter – sonntags wie werktags – Rüben und Sauerkraut. Die Suppen waren meistens Einbrenn-, Erbsen-, Kartoffel- und Bohnen- sowie Reibteigsuppe. Nur an Kirchweih stand eine Nudelsuppe mit Würstel auf dem Tisch. In der Früh gab's jeden Tag Einbrennsuppe und Milchmus. Das musste im Sommer schon um 6 Uhr bereitstehen, denn da kamen die Tagwerker. Am Abend aßen wir Kinder meistens Milch und „Brecke“, Mus oder Milchreis.

Die jüngeren meiner Geschwister bekamen von dem Speiseplan nicht mehr alles mit. Da gab's schon Risotto und Spaghetti und des Öfteren Suppe und Würstel. Auch Weißbrot mit Marmelade und ab und zu ein Wurstbrot konnten sie ergattern. Eine Bekannte unserer Mutter sagte einmal, die Alpeggerkinder gefielen ihr am besten beim Musessen. Oft kochte die Mutter eine Riesenpfanne Mus, nur für uns Kinder und stellte es dann auf den großen Stubentisch. Je nach Alter und Größe knieten, hockten und standen wir um den Tisch und langten in die Pfanne. Ja, das Musessen wollte gelernt sein.

Mein um ein Jahr jüngerer Bruder war beim Musessen ein besonderer Spezialist. Wenn die Pfanne auf dem Tisch stand und das goldgelbe Butterschmalz uns während des ganzen Tischgebetes anlachte, war das „Amen“ noch kaum gesprochen, da nahm er seinen Löffel, zog damit einen großen Bogen durch ein Viertel der Pfanne und sagte: „So viel esse ich, dies ist die Grenze.“ Das schöne gelbe Schmalz floss ganz schnell der Grenze zu und füllte den Graben. Unser Mus glänzte nur mehr halb so appetitlich. Beim Musessen ging es nicht immer friedlich zu. Des Öfteren stürzte unser Vater zornig in die Stube, um Mord und Totschlag zu verhindern.

Am Zeltenbacktag ging ich ungern Schule

„Das einfache Leben“ hätten wir die Zeit unseres Aufwachsens nennen können. „Der zufriedene Mensch“ wäre aber noch treffender gewesen. Ein Ei gab’s zum Geburtstag, einen Hefekranz und ein paar mit Zwiebelschale gefärbte Eier durften wir uns zu Ostern bei der Taufpatin holen. Ab und zu lagen auch eine Wollmütze und ein Paar gestrickte Schafwollstrümpfe im Korb. Der Osterhase und der Nikolaus, die zwei haben unsere Stube nie gefunden. Zu denen drang die Kunde von unserem Dasein wohl nie durch. Das Christkind aber wusste von uns und kehrte jedes Jahr am Heiligen Abend bei uns ein.

Im Advent, wenn jeder Baum und jeder Pfahl am Zaun eine Schneehaube trugen und der Stubenofen unentwegt seine Wärme von sich gab, gingen wir Kinder in die Scheune und suchten schöne Strohhalme. Kleine Opfer bringen lehrte uns die Mutter. Bei jedem Opfer durften wir einen Strohhalm in die bereitgestellte Schachtel legen – Stroh für Christkinds Krippe. Den täglichen Gang durch den tiefen Schnee zur Schulmesse empfanden wir nicht als Opfer. Das gehörte einfach zu Weihnachten dazu. Um Viertel nach sieben knieten wir dicht gedrängt in den Kirchenbänken. Für die Schulmesse war noch etwas vom morgendlichen Rorateamt übrig geblieben: Viele brennende Kerzen verschwendeten ihr warmes Licht, und leichte, gut duftende Weihrauchwolken umschwebten noch immer die Heiligenbilder am Deckengewölbe unserer Kirche.

„Tauet Himmel, den Gerechten“, sangen wir Kinder im Chor, während die Schneerollen, welche an unseren Wollstrümpfen hingen, und die steif gefrorenen Schuhe langsam wieder auftauten. Ich hab es immer noch nicht vergessen, das Kältegefühl, welches mir langsam den Rücken emporkroch, um bald vom ganzen Körper Besitz zu ergreifen. In unseren kühnsten Träumen wäre es uns damals nicht eingefallen, dass es später einmal geheizte Kirchen und gepolsterte Kirchenbänke geben würde. Am Schluss der Messe stellten wir uns in Zweierreihen auf und schrien laut unser „Hochgelobt und gebenedeit“. Wie wohltuend war hernach unser warmes Schulzimmer.

Erst gegen vier Uhr kamen wir von der Schule nach Hause. Nein, heute roch es im Hausgang nicht nach Kohlblättern, Rüben und Futterkartoffeln, welche üblicherweise im Futterdämpfer, der in der Küche stand, gedämpft wurden. Die Mastschweine, die wir zu Weihnachten schlachten wollten, fraßen sich nämlich rund an Kohl und Kartoffeln. Heute kam endlich ein feiner Duft von Zimt, Zitronenschale und Vanille aus unserer Küche. Es war der gute Weihnachtsduft! Die Mutter und die Magd Hedwig hatten Kekse gebacken. Diese waren auch schon gut verstaut, das hieß für uns unauffindbar. Aber für jeden ein „Kosterle“ gab es dann doch. Meins war ein Stern mit langem, breitem Schweif.

Vaters Rucksack, angefüllt mit Feigen, Nüssen, schwarzen „Weimerlen“, Zibeben und Zitronen stand auch schon da. Erst am Abend, wenn wir alle schon im Bett waren, hat man den Rucksack ausgepackt, die Nüsse aufgeklopft und die Feigen klein geschnitten. Wir durften nicht dabei sein, weil wegen der ständigen Bettelei für den Zelten nicht mehr viel übrig geblieben wäre. „Bettler und Geluster außer die Tür!“, rief unsere Mutter manchmal, wenn sie was ganz Besonderes kochte oder backte und wir über die Köstlichkeiten herfallen wollten.

All die guten Zutaten für den Zelten wurden mit Zimt, Muskat, Nelkenpulver, Rotwein und Rum vermischt und zugedeckt auf den

Der Zelten – eine Köstlichkeit zu Weihnachten

Stubenofen gestellt. „Hast du gehört", sagte die Tante Moidl zu Mutter, „die Pfarrersköchin gießt auch noch Feigenkaffee, wegen der dunklen Farbe, in den Zeltenteig." Ja, bezüglich des Zeltenbackens hatte man einfach nie ausgelernt. Auch ein Sauerteig, gewürzt mit Fenchel, Anis und Zigeunerkraut, erfüllte mit seinem Duft die Stube. Selbst die nassen Bubenhosen und die zum Trocknen aufgehängten Windeln vermochten den Duft der Weihnacht nicht aus unserer Stube zu vertreiben.

Am Zeltenbacktag ging ich sehr ungern zur Schule. Warum durfte die Magd mithelfen, die Zelten zu formen und mit Nüssen zu verzieren? „Ja, die Mutter mag halt die Magd lieber als mich", dachte ich gekränkt. Auch beim Krapfenbacken, damals an Kirchweih, war ich stets weggeschoben worden. Als wir am Spätnachmittag aus der Schule kamen, waren die Zelten weg, einfach wie aufgeflogen. Mutter hatte sie weggesperrt, wir sparten sie bis zum Heiligen Abend auf. Die Zutaten hatten einfach zu viel vom Eiergeld ver-

Die Silberhochzeit unserer Eltern im Jahre 1963: In der Stube (von links nach rechts: Hubert, Toni, Hansl, Hartmann, Seppl, Vater, Luisele, Mutter, Maria, Traudl, Lisl, Kathi, Anni).

Die Familie beim Fotografen

schlungen.
Unseren Vater sahen wir vor Weihnachten öfter mit einem Rucksack in der Kammer verschwinden. Jetzt wurde es Zeit, die Krippe hervorzuholen. Verletzten Schafen musste wieder auf die Beine geholfen werden, einem Hirten wurde schnell noch ein Holzbein geschnitzt, den Kraxenträger lehnten wir einfach an einen Stein, damit er nicht umfiel. Wo war der Hirtenhund? Letztes Jahr war er ja noch da gewesen. Das Dach des Krippenhauses hing auch nur mehr an einem Flügel. Jedoch für das Christkind wurde gesorgt, da stand eine Schachtel Strohhalmopfer bereit. Das Moos für die Krippe war schon im Herbst getrocknet worden.
Vor Weihnachten gingen dann noch alle Volksschüler gemeinsam zur Kinderbeichte und Kommunion. Und dann war er endlich da – der Heilige Abend. In der Früh stellte unser Vater den Christbaum in die

Stube. Wir wussten, unser Vater hatte keinen besonders schönen Baum gesucht, denn der Baum, der ja keine Wurzeln mehr hatte, konnte sowieso nie mehr weiterwachsen. Doch unter unserer Hand wurde auch ein etwas verkümmerter Baum für eine kurze Zeit zum schönsten. Wir schmückten ihn mit vielen kleinen roten Äpfeln. Ich glaub, die Eva aus dem Paradies wäre auch bei unserem Baum stehen geblieben. Nicht nur mit Äpfeln, auch mit Weihnachtskeksen und Silberfäden gingen wir großzügig um. Zudem besaßen wir einige rot- und silberglänzende Glaskugeln, sorgfältig in einer Schachtel verpackt. Zwei bunte Glasvögel, denen schon seit jeher der Federnschwanz fehlte, schmückten unseren Baum ebenso. Vater kaufte uns auch jedes Jahr neue Christbaumkerzen und Sternspritzer.

Während wir, die Großen, den Baum schmückten und die Kleinen nur auf Unfug aus waren, kam es ab und zu einmal vor, dass einer meiner Brüder als „Kranker" den ganzen Stubenofen in Beschlag nahm, aus sicherer Entfernung auf der Ofenbrücke das gewöhnliche Fußvolk herumkommandierte und sich mit Honigtee, Weißbrot und einem gekochten Ei verwöhnen ließ.

Als wir mit Baum und Krippe langsam fertig wurden, war das Mittagessen gekocht. Es gab immer Erbsensuppe und „Stocktirtlan". Ein großes Tirtl, gefüllt mit Kartoffeln und Topfen, wurde mit geriebenem, gezuckertem Mohn bestreut und mit einem Löffel voll brauner Butter übergossen.

Zehn bis fünfzehn solcher Tirtlan legte man übereinander, und zum Schluss wurde der Tirtlstock mit einem scharfen Messer kreuzweise durchgeschnitten. Man konnte dann dem Stock schöne süße Dreiecke entnehmen. „Das Heilige Mahl" wurde das Mittagessen am Heiligen Abend geheißen.

Vor dem „Heiligen Mahl" legte unser Vater Weihrauch in die Glutpfanne und stellte sie in die inzwischen mit dem Christbaum geschmückte Stube. Ein feiner Duft durchzog den Raum. Wir knieten uns den Bänken entlang auf dem Boden nieder. Vater betete dann fünf „Vaterunser“ und fünf „Herr, gib ihnen die ewige Ruhe“ für unsere verstorbenen Vorfahren, deren Bilder in dunklen Rahmen an den Wänden hingen. Durch die Weihrauchwolken hindurch kam mir vor, als ob sie lächelten, weil auch sie in unsere Weihnacht mit einbezogen wurden.

Die ganze Familie, einschließlich der Dienstboten, nahm am „Heiligen Mahl“ teil. Auch der Patient auf dem Ofen ging beim Anblick von Stocktirtlan schnell seiner Genesung entgegen. Wenn dem aber nicht so war, dann musste ihm wirklich ernstlich geholfen werden. Während des Essens wurde die Haustür immer versperrt. Kein Fremder durfte das Mahl stören. Es brächte Unglück und Tod in die Familie. In dem Fall war Vater sehr abergläubisch. Nach dem „Heiligen Mahl“, welches oftmals durch das Gezänk und Gebrüll der kleinen Geschwister „aufgelockert“ wurde, beteten wir wiederum fünf „Vaterunser“ und diesmal fünf „Ehre sei dem Vater“, für uns alle, die Lebenden unserer Familie.

Den Nachmittag verbrachten wir Kinder meistens mit Rodelfahren. Die Stunden wollten und wollten nicht vergehen, bis es Abend wurde und endlich das Christkind kommen würde. Vater und unser alter Knecht gingen schon sehr früh in den Stall, denn hernach begann das große Räuchern. Unser Vater füllte die Rauchpfanne mit Glut und legte eine Hand voll Weihrauch dazu, es roch so feierlich, es war unsere Weihnacht. Ich nahm die Kanne mit dem Weihwasser und wir begleiteten alle unseren Vater. Jeder Raum vom Keller bis zum Dachboden wurde beräuchert und mit Weihwasser besprengt. „Ehre sei dem Vater, dem Sohn und dem Heiligen Geist“, klang es durch unser Haus. Extra lang blieb Vater bei den Betten der Kinder und in der Kornkammer stehen. Wir gingen auch zum Backofen, zu den Stallungen und in die Scheune.

Zum Schluss, das Weihwasser in der Kanne ging zu Ende und die Glut wärmte nicht mehr richtig, wurden noch all unsere Mützen, Hüte und Kopftücher über die Weihrauchpfanne gehalten und dann

gleich aufgesetzt. Damit wir vor schweren Kopfkrankheiten bewahrt blieben, sagten die Eltern. Vater sprengte uns mit dem Fichtenzweig ein paar Tropfen Weihwasser ins Gesicht, und somit war der erste Rauchgang abgeschlossen. Der zweite folgte am Silvesterabend, der dritte an Heiligedreikönig.
Nach dem Gang durch Haus und Hof versammelten wir uns wieder in der Küche. Vater betete genauso wie alle Tage den Rosenkranz. Wir vergaßen fast das Nachbeten, unsere Gedanken waren ganz woanders. Wo waren die Mutter und die Hedwig? War was am Fenster? War's der Engel, welcher schon vor Wochen unsere Briefe mit unseren von der Mutter diktierten Versprechungen abgeholt hatte? Ich erblickte ganz flüchtig etwas Helles. Nein, bald sah ich sie genauer, unsere weißschwarze Katze, welche um Einlass in die warme Küche bettelte.
Langsam, sehr langsam kam er, der Augenblick, als das Glöckchen erklang und wir alle in die Stube gehen durften. War das noch unsere Stube, in welcher wir sonst rauften, lachten, tobten, spielten, stritten und weinten? Nein, für uns alle war es heute der Himmel. Der Christbaum stand mitten auf dem Esstisch und strahlte wunderbar ob all der brennenden Kerzen. Ein leises Knistern der zu nahe am Licht stehenden Zweige bestätigte uns, dass dies alles kein Traum war. Vater und Mutter waren ganz feierlich, Hedwig lächelte verheißungsvoll. So standen wir um Krippe und Baum. Oh, mein Weihnachtsgedicht, bald wäre es mir nicht mehr eingefallen:

Du liebes Kind mit der Liebe Schein,
leucht in unser Herz hinein.
Gib den Menschen von deiner Güte,
brich auf das eisige Frostgemüte.
Lass Frieden walten allerwärts,
senke die Gnade in unser Herz.
O Kind im Stall, so lieb und hehr

dir bringe ich viel Lob und Ehr.

Unsere Mutter las das Weihnachtsevangelium, worauf wir „Stille Nacht“ und andere Weihnachtslieder sangen. Das Christkind in der Krippe verzieh sie sicher, all die Misstöne und Fehler. Wir waren einfach keine begabte Sängerfamilie. Unser Vater sprach noch ein paar Worte zu den Dienstboten und wünschte ihnen frohe Weihnachten. Hernach durften wir uns alle auf unseren Platz unter den Christbaum setzen. Für jeden lag ein Paket bereit: neue Pantoffeln, ein paar Farbstifte, ein kleines weißschwarzes Pferd aus Pappmaschee für meine Brüder, braunweiße, kleine hölzerne Kühe mit goldenen Glöckchen für die Kleinen. Die wunderbarste aller Stoffpuppen hatte das Christkind aber für mich aufgehoben: eine Puppe mit richtigen Augen!
Unser Vater und der Knecht bekamen eine blaue Schürze und neue Pantoffeln, die Mutter und Hedwig eine bunte „Schnilienschärpe“ und Pantoffeln. Für jedes von uns Kindern gab es auch einen halben Zelten, den Erwachsenen brachte das Christkind einen ganzen. Die verschwundenen Kekse lagen nun auf den schönen Tellern, den Tellern aus Mutters Glasschrank. Und wir konnten genug von dem mit Honig gesüßten Lindenblütentee trinken. Für uns alle waren es selige Stunden, damals unter dem Christbaum in unserer Stube. Unser alter Fütterer sagte zur Mutter: „Rosl, so schöne Weihnachten hab ich noch nie erlebt.“ Er wischte sich dabei ein paar Mal mit der Hand über die Augen.
Weihnachten so schön zu feiern, verstand zur damaligen Zeit wohl nur unsere Mutter. Oft erzählte sie uns von der Weihnachtsfeier, welche sie in ihrer Ausbildungszeit in Bozen und München erleben durfte. Von dort hatte sie das feine Gespür für die Feier des Festes in ihre Familie herübergerettet.
Nach unserer Weihnachtsfeier mussten wir schnell zu Bett gehen. Die Christmette wurde um Mitternacht gehalten, das hieß, dass wir

uns bald nach elf Uhr auf den Weg machen würden. Ein ganzes Leben lang werden mich die Eindrücke unseres Ganges zur Mette begleiten. Unser seliges Einschlafen nach der Weihnachtsfeier, das Gewecktwerden aus dem Tiefschlaf, das Sichankleiden in der eiskalten Kammer, der helle Mondschein, der knirschende Schnee unter den Schuhen, das Zusammentreffen mit unseren Nachbarn. Die Stille der Nacht trug unser Lachen und unsere Gespräche weit über unseren Kirchweg hinaus. Helles Glockengeläute tönte aus unserer Pfarrkirche, und von fern erklangen noch die Glocken von Kiens und Ehrenburg. Sie alle kündeten von Weihnachten, von Ehre sei Gott in der Höhe und Friede den Menschen auf Erden.
Schon vor Mitternacht saßen wir dicht gedrängt in den Kirchenbänken. Der Blick nach vorne war uns Kindern ob der vielen Erwachsenen meistens versperrt. Das große Christkind aus Wachs, gebettet auf Stroh und geschützt von einem hohen Dach, stand hoch oben am Altar. Dass wir dorthin sehen konnten, war für uns sehr wichtig. Während Chor und Orgel ihr Bestes gaben, übermannte uns Kinder wohl öfter der Schlaf oder unsere Gedanken waren daheim bei Puppe, Pferd und Kuh.
In der Christnacht blieb Vater immer zu Hause. Das Haushüten war dem Bauer seine Aufgabe. Kühe könnten in der Christnacht reden, war der Volksglauben, und dies wurde auch uns Kindern erzählt. Wir waren überzeugt, dass unsere Kühe nur Gutes über uns sagen würden. Zwar wurden sie auf der Weide manchmal herumgehetzt, doch zu Ostern teilten wir ihnen jedes Jahr ein Brot auf, welches mit all den übrigen Köstlichkeiten im Osterkorb lag und vom Pfarrer gesegnet wurde.
In der Christnacht sollte niemand den Stall betreten und das Gespräch der Tiere belauschen. Man sagte uns, es würde uns sonst so ergehen wie jenem neugierigen Bauern. Während die Glocken zur Christmette riefen, legte er sich in den leeren Futterbarren, um zu horchen, worüber die Kühe redeten. „Morgen werden wir eine

schwere Last aus dem Stall zu ziehen haben", sprachen die Kühe. Am nächsten Tag starb der Bauer bei der Stallarbeit, und die Kühe mussten ihn aus dem Stall ziehen. Das war wohl eine der vielen Gruselgeschichten, welche wir mit leisem Schaudern, aber immer wieder gerne hörten.

Abgesehen davon, dass ich mich um meine jüngeren Geschwister kümmern musste, brauchten wir Schulkinder im Winter nicht viel arbeiten. Wir verbrachten in den Ferien und an den Sonntagen unsere Zeit oft mit Rodelfahren. Es gab noch kein Lastauto und keine Traktoren, alle Rodelwege waren „kindersicher". Acht geben mussten wir auf die großen Holzschlitten, welche oft schwer beladen, von einem einzigen Mann gelenkt, zu Tal sausten. Deshalb waren wir werktags mit unserer Rodel immer in Hofnähe. Sonntags aber waren keine Holzschlitten unterwegs, da gehörten alle Bahnen uns. Wir älteren Kinder hatten damals ganz einfache Rodeln, anstatt auf Gurten saßen wir auf breiten Brettern oder schmalen Latten. Zwei große und in der Mitte ein kleines meiner Geschwister fanden auf der Rodel Platz. Der Lenker trug die Verantwortung, und wehe es ging etwas schief. Das Geheul der Kleinen und das Geschrei der Großen hallten dann über den ganzen Honigberg. Für die Unerfahrenen von uns Wintersportlern zimmerte unser Nachbar die „Multo". Dies waren zwei Bretter in Form eines Halbmondes und von einem schmalen Sitzbrett zusammengehalten. Mit der „Multo" mühten sich nur die Allerkleinsten ab. Ski bastelten meine Brüder aus Zaunlatten und Lederriemen. Meine jüngsten Geschwister bekamen schon eine gekaufte Rodel mit braun-rot-grünen Gurten und richtige Skier.

Kein Honigberger Kind hatte zu meiner Zeit ein Fahrrad – also vermissten wir es auch nicht. Wir träumten jedoch von braunen Winterschuhen mit Schnürhaken, roten oder grünen Schuhbändern, breiten Lederriemen und Gummisohle. In Bruneck im Schuhgeschäft gab es diese zu kaufen. Unsere Magd erzählte, der älteste

von sieben Buben ihres Nachbarn nehme sich vor, mit „Neujahrschreien" ein paar Hakenschuhe zu verdienen.
Am Neujahrsmorgen gingen damals wohl fast alle Schulkinder von Haus zu Haus, bergauf, bergab, um den Bauern in Form eines Gedichtes die guten Wünsche für das neue Jahr zu überbringen. „Wir wünschen ein glückseliges Jahr" oder „Rill, roll, alle Kisten und Kästen voll …". Die Bauersleute schenkten den Kindern ein paar Centesimi, Äpfel oder Bockshörner. Die meisten Bauern sahen es gerne, wenn viele Neujahrschreier auf den Hof kamen. Unsere Patin war am Neujahrstag ab und zu recht großzügig, jedoch Hakenschuhe hätten wir uns trotzdem keine verdient.
Unsere Eltern bestimmten, auf welchen Hof wir gehen und wie viele Stunden wir neujahrschreien durften. Ein paar Nachbarhöfe besuchten wir vor dem Gottesdienst, hernach gingen wir einen langen Weg zur Taufpatin. Auf dem Heimweg machten wir oft noch heimlich an ein paar Häusern, welche nahe unserem Weg lagen, Station. Jedoch zum Mittagessen um elf Uhr mussten wir wieder alle daheim sein. „Nach zwölf gilt das Neujahrschreien nicht mehr", pflegte unser Vater zu sagen.
Mit Neujahr und Heiligedreikönig waren unsere Winterfesttage vorbei. Die Wintermonate brachten für uns auch unangenehme Tage mit sich. Oft waren ein oder auch mehrere Geschwister krank. Sie nahmen dabei den ganzen Stubenofen in Beschlag. Mutter gab den Kranken dann immer wieder einen Löffel Johannisöl und braun gebrannten Zucker gegen den Husten, Zwiebel- und Schweinefettauflagen gegen Halsschmerzen und Bronchitis. „Hingfongessenz" half gegen Kopfschmerzen, und ein kleines Butterbällchen in die Nase geschoben erleichterte das Atmen. Wenn es den Kranken trotz aller Hausmittel nicht besser ging, holte unser Vater den Arzt. Der Arzt wohnte damals in St. Lorenzen und hatte noch kein Auto. Er kam zu Fuß oder mit dem Fahrrad.

Ich war schon etwas älter, ging aber noch zur Schule, als eine meiner jüngeren Schwestern Keuchhusten bekam. Tag und Nacht musste man sie bewachen, um sie bei jedem Hustenanfall zu schütteln, sonst wäre sie uns erstickt. Wir waren hilflos und voll Sorge. Ihr Zustand dauerte Wochen. Eines Tages stellte mich meine Mutter vor die Wahl, ob ich lieber im Stall bei unserem trächtigen Schwein, welches gerade die Jungen werfen sollte, bleiben wolle oder bei der Schwester. Für mich war beides schlimm. Die glitschigen Schweinchen wollte ich nicht anfassen, um sie zu säubern und in die bereitgestellte Kiste zu geben. Also zog ich es vor, meine Schwester zu hüten.

Nach Ostern fing das Arbeitsjahr an

Auch der längste Winter ging einmal seinem Ende zu. Es begann die Fastenzeit, und man redete schon von Ostern und dem nahenden Arbeitsjahr. Die Fastenzeit wurde bei uns daheim sehr streng eingehalten. „Jetzt ist Faste“, sagte meine Mutter, und jeder Naschkatze wurden damit ihre Gelüste ausgetrieben. Man erzählte, ein Pfarrer eines bekannten Bergdorfes habe irgendeinmal von der Kanzel aus verkündet: „Die Fastenordnung brauche ich euch wohl nicht zu sagen, denn wenn ihr den Speck in der Faste esst, habt ihr dann halt zu Ostern keinen mehr.“ Ja, so war es wohl nicht nur in jenem Bergdorf.

Auch Ostern war umrahmt von verschiedenen Bräuchen. Blühende „Palmenzweige“ wurden geholt und zu einem Palmbesen zusammengebunden. Dieser wurde in die Kirche getragen und vom Pfarrer geweiht. Bei schweren Gewittern legte man ein paar Zweige der geweihten „Palmen“ auf das Feuer. Sie sollten Blitz und Unglück fern halten. In der Osterwoche wurde das ganze Haus geputzt, Stube und Kammern geschrubbt. Es roch nach Seife und ein Hauch von Feuchtigkeit zog durch die Räume.

Am Gründonnerstag durften wir Eier färben. Dazu nahmen wir Zwiebelschalen, Krepppapier und „Osterbamlan“, grüne, nahe an Mauern wachsende Pflanzen. Sogar richtige rote und blaue Eierfarbe durften wir kaufen. Am Abend des Gründonnerstags gingen wir mit unseren Nachbarn auf den „Ölberg“, und im Gedenken an Jesu

Kam jemand mit einem Fotoapparat, wurde posiert: Maria, Seppl, Hansl, Hartmann, Traudl und Lisl (hinten von links nach rechts), Hubert, Anni, Toni, Kathi und Lisl (vorne von links nach rechts)

Leiden beteten wir in der Kirche – auch wir Honigberger hatten eine kleine Kirche – den Rosenkranz. Die schönsten Eier trug ich mit mir, um sie meiner Freundin zu zeigen. Es gab schon die ersten Abziehbilder, darauf lächelten uns die Osterhasen entgegen.

„Am Karfreitag, an Jesu Grabesruhe, fliegen die Glocken nach Rom", wurde uns gesagt. Hölzerne Ratschen ersetzten das Glockenläuten. Karfreitag war auch jener Tag, an dem unsere Mutter schöne, gelbe, mit Anis und Vanille gewürzte Hefekränze für die Patenkinder und den Osterkorb backte. „Heute ist Fasttag", tönte es doppelt so laut aus Mutters Mund, wenn wir zu nahe an die Kränze herankamen.

Am Ostersamstag wurde in der Kirche unter lautem Orgelklang und Chorgesang die Auferstehung Christi gefeiert. Die Glocken

waren wieder zurückgekehrt, und ihr Glorialäuten tönte bis zu uns auf den Honigberg. Da schickte die Mutter meinen Bruder und mich von Apfelbaum zu Apfelbaum. Beim Glorialäuten sollte man mit einem Stock die Bäume wecken. Ein paar Schläge auf den Stamm kündigten dem Baum das nahende Frühjahr und die Zeit zum Blühen und Früchtetragen an. Mit der Auferstehung Christi sollte wohl auch der Baum endgültig aus seiner Winterstarre erwachen. Bäume wecken durften wir nur im Vorschulalter. Als Schulkinder waren wir alle bei der Auferstehungsfeier in der Kirche.
Am Ostersonntag in der Früh breitete Mutter ein großes, schönes Tuch, wie es der Tatlkrämer zum Verkauf anbot, auf den Tisch und legte Roggenbrot, Hefekranz, gekochten und rohen Speck, geräucherte Schweinszunge, Kaminwurzen, geselchtes Fleisch, gefärbte Eier und Krenwurzeln darauf. Krenwurzeln sollten wir essen, damit uns kein Beißwurm biss – so hieß es jedenfalls immer. Die vier Ecken des Tuches band Mutter ordentlich zusammen, und das kostbare Bündel wurde von uns in die Kirche getragen und vom Pfarrer gesegnet, „geweicht", wie wir zu sagen pflegten. Als das „Geweichte" trugen wir unsere Köstlichkeiten wieder heim. Geweichtes durften wir als Ostermahl essen, so viel wir wollten. Nicht umsonst hatten wir vierzig Tage lang gefastet.
Die Wirtsleute sowie die Großbauern des Dorfes trugen die Speisen in schönen Körben in die Kirche. Alle Köstlichkeiten wurden zur Schau gestellt, und in der Mitte der Körbe thronte meistens auch noch ein weißes Osterlamm aus Butter. Wie viel von den guten Sachen unser Tuch barg, wussten nur wir allein. Viel später, als wir Ältesten schon nicht mehr zur Schule gingen, kaufte Vater auf dem Ostermarkt in Welsberg fast jedes Jahr eine große, dicke Salami. Er war fröhlich und guter Dinge, für uns ein Zeichen, dass er den Kleesamen, welchen er am Markt feilbot, gut verkauft hatte.
Im Frühjahr, in der Zeit nach Ostern, fing das Arbeitsjahr an, deshalb durften wir nur mehr ab und zu die Schule besuchen. Statt-

Hansl mit unserem Hund „Schweiz"

dessen mussten wir Kartoffeln setzen, beim Pflügen die Pferde führen, die Wiesen räumen, aber vor allem die Kühe hüten. Vater hatte keine fix angestellten Dienstboten mehr, sondern nur mehr Tagwerker. Langsam, für unsere Eltern wohl oft zu langsam, rückte sie heran, die Zeit, in der alle Arbeiten am Hof großteils von den heranwachsenden Kindern bewältigt wurden.

Damals wurden wir vom Unglück heimgesucht. Wir waren dabei, den Kartoffelacker zu bestellen. Vater pflügte Furche für Furche. Mein Bruder, er war noch ein Schulkind, führte die Pferde. Aus einem uns allen unbekannten Grund scheuten plötzlich die Pferde und rannten im schnellen, wilden Galopp heimwärts, den Pflug hinter sich herziehend. Mein Bruder hing mittendrin. Wie durch ein Wunder konnte er sich an den Riemen festhalten, so lange, bis unser Hofhund bellend und zähnefletschend den Pferden auf die Nüstern sprang und sie dadurch zum Stillstand brachte.
Am Abend des besagten Tages bekam unser Bruder zum ersten Mal einen Schreianfall, begleitet von schweren Krämpfen. Wir alle, und am meisten er selber, litten viele Jahre darunter. Wie aber von den besten Ärzten versprochen, konnte er wieder geheilt werden. Dass eine Mutter ihrem schwächsten oder in unserem Fall am meisten leidenden Kind am nächsten ist, lernten wir zu begreifen. Das Leben von uns Alpeggerkindern glich wohl jenem Fleckerlteppich, welcher in der Stube unserer alten Base lag. Er war schön bunt mit vielen hellen, jedoch auch mit dunklen Streifen. Mit den dunklen mussten wir zurechtkommen. Sie sind nicht vergessen – tun jedoch nicht mehr weh!
Gerne denke ich an die Feierabendbesuche unseres Nachbarn. Er war Vaters bester Freund. Wenn auch noch unser Vetter Hansl dazukam und mit uns um den großen Stubentisch saß, durften wir Kinder lange aufbleiben und uns viele Geschichten von „früher" mitanhören. Münchhausen hätte wohl seine hellste Freude gehabt, wenn auch er bei uns am Tisch hätte sitzen dürfen. Viel wurde von Jagd und Abenteuer erzählt, von schrulligen Bauern und listigen Knechten. Selbst so mancher Pfarrer und der Mesner wurden in Anekdoten verewigt.
Uns war er nicht geheuer, der Hexenmeister von Terenten, welcher sein ganzes Bauholz für ein neues Futterhaus mit einem Hahn aus dem Wald zog. Mit einem gewöhnlichen Hahn? Wie auch bei uns

einer am Hofplatz herumspazierte? Der „Lauterfresser", welcher im Schloss Rodeneck im Eisenkäfig gefangen gehalten wurde, tat uns Leid. Der Katze mit den feurigen Augen, die sich im Heustock verkroch und einen Brand auslöste, waren wir wohl nicht begegnet. Gruselig die Geister, welche in der Nacht am Bach auf und ab gingen und deren Lichter von weitem gesehen wurden. Kein Christenmensch wollte sich in der Nacht in der Nähe dieses Baches aufhalten. „Daher konnten wir seelenruhig fischen", erzählte unser Nachbar und blinzelte mit den Augen. Wir aber zogen langsam unsere Beine hoch und hockten auf der Bank, denn unter dem Tisch konnte doch ein Gespenst danach langen. „Midl, hol noch eine Halbe Wein", sprach gut gelaunt unser Vater. Und wenn sich im Keller halt doch jemand versteckte? Wer ging mit?

Nicht alle Feierabende verliefen gemütlich und harmonisch. Oft blickte Vater finster und Mutter versuchte uns Fröhlichkeit vorzutäuschen. An solchen Abenden gingen wir nach dem Rosenkranz gleich zu Bett. Ich schlief oft lange nicht ein, da ich Spannungen zwischen unseren Eltern fast nicht ertragen konnte, und war jedes Mal glücklich, wenn ein baldiger Sonnenschein in Sicht war. Auf dunkle folgten auch wieder helle Streifen.

So wie wir uns auf Weihnachten, Ostern und das Patengeschenk freuten, fieberten wir auch dem Kirchweihfest entgegen. Kirchtag war bei uns immer ein richtiges Hoffest. Dementsprechend gestalteten sich auch die Vorbereitungen. Schon Tage vorher betrachtete unser Vater mit kritischem Blick die Unordnung, die wir Kinder im Haus und Hof hinterlassen hatten. Alles, worüber er ansonsten wegzuschauen vermochte, hat ihn vor dem Kirchtag plötzlich gestört. Das große Aufräumen wurde angeordnet.

Holzknüppel, Ziegel, Bretter, Steine, Schaufeln und Blechkannen, welche entlang dem Bächlein lagen, das über unsere Steilwiese plätscherte, mussten wir heimschleppen. Vater tat so, als ob er nicht wüsste, dass wir dies alles brauchten, um das Wasser aufzu-

stauen, Mauern zu errichten und Tümpel anzulegen. Er wusste jedoch aus Erfahrung, dass wir spätestens eine Woche nach dem Kirchtag unsere Baumaterialien wieder zurück auf die Wiese trugen, wobei uns auch noch Nachbarskinder halfen.
Zum großen Aufräumen gehörte ebenso das Kühebürsten, den Schweinen hieß es sauberes Stroh einstreuen, im Hühnerstall die Spinnweben entfernen, und mit einem Reisigbesen musste einer den Hofplatz kehren. Sensen, Rechen, Sicheln und das Pferdezaumzeug hingen bald ordentlich auf den dafür vorgesehenen Holzhaken. Der Hofbrunnen wurde mit Besen und Bürsten gereinigt und der Heustock noch einmal mit einem Rechen geglättet.
All dies geschah, während wir Geschwister uns gegenseitig die Schuld an der Unordnung zuschoben und uns heimlich stritten. Dem Vater war besser erst gar nicht begegnen, und von unserer Streiterei durfte er ja nichts erfahren, denn bei der Aufräumaktion war er meistens zornig. Ganz schnell konnte einer von uns eine Strafe abbekommen, welche der Sünde von einigen Wochen angemessen war. Also ließen wir Vorsicht walten und gingen der Gefahr aus dem Weg.
Das Haus wurde auch auf Hochglanz gebracht. Unsere Mutter und die Magd Hanne hatten alle Hände voll zu tun. Sie putzten die Fenster am Hofbrunnen und tauchten sie in klares Wasser. Die rauen Lärchenfußböden mussten gespült werden, und die Betten bekamen saubere Bezüge. Im ganzen Haus roch es nach Seife. Aber nicht nur nach Seife. Aus der Küche zog auch ein Duft von Gugelhupf und Kirchtagskrapfen.
Der Kirchtag war einer der wenigen Tage im Jahr, an dem ein großes Stück Braten ins Rohr geschoben wurde. Meistens hatte unser Vater von einem Bergbauern ein halbes Schaf gekauft oder sich beim Verkauf eines Kalbes das Kirchtagsfleisch eingehandelt. Mochte es sein, wie es wollte, bis zum Kirchtagssonntag waren Haus und Hof sauber herausgeputzt, und in der Speisekammer ließ

sich in jedem Topf nur Gutes erahnen. Die Katzen und wir Kinder hatten jedenfalls strengstes Zutrittsverbot.
Schon am Sonntagmorgen waren Aufräumerei und Gezänk vergessen. Voll Erwartung hielten wir Ausschau nach unseren Gästen. Da kam einmal unsere Großmutter. In ihrer großen Stofftasche brachte sie uns, wie auch sonst so oft, rote Äpfel und gelbe Sommerbirnen. Langsam fanden sich unsere Tauf- und Firmpaten sowie Vettern und Basen ein. Dazu kamen unsere Tagwerker und Vaters Freunde aus seinem Heimatdorf. Laut waren der Trubel, das Lachen und Begrüßen, währenddessen ich als die „Große" immer darauf bedacht war, dass sich die jüngeren Geschwister ja gut benahmen. Ich verteilte böse Blicke und wenn notwendig noch mehr – womit ich mich bei den Getadelten unbeliebt machte.
„Was sind die Kinder doch gewachsen", wurde immer wieder festgestellt. Unser kleines „Poppele", welches im Stubenwagen träumte, erweckte lauter Bewunderung. Mein neues Dirndlkleid und die weißen Socken beachtete halt wieder einmal keiner … Dass ich mich aber heimlich im Spiegel betrachtete und mich an den weißen Spitzen und den Puffärmeln freute, fiel einer unserer alten Basen wohl bald auf. „Gitsche, sei nicht so hoffärtig, aus dem Spiegel schaut der Teufel heraus", sprach sie ernst. Ich kann nicht sagen, dass ich die Base besonders mochte.
Bald nahmen alle unsere Gäste in der Stube hinter den großen Tischen Platz. Wir Kinder saßen um den kleinen, den „Katzentisch", wie er hieß. Die Suppe wurde aufgetragen, und unser Vater sprach das Tischgebet. Am Kirchtag gab es immer Suppe mit Würstel – für uns am Katzentisch der Inbegriff jedes Festmahles. Meistens aßen wir uns an der Suppe schon so satt, dass wir am Schafbraten nur mehr riechen konnten. Einer meiner Brüder öffnete den obersten Knopf seiner Bundhose, stand auf und ließ sich immer wieder auf die Bank fallen. „Damit für den Braten auch noch etwas Platz ist", wie er uns sagte. Dies blieb jedoch unter uns, da uns am Kat-

zentisch sowieso niemand recht beachtete. Wir fühlten uns aber trotzdem angenommen und geborgen.

Alle, welche zu uns gehörten und uns viel bedeuteten, saßen mit unserem Vater auf dem schönsten Platz im Herrgottswinkel, schmatzten, redeten, tranken Wein und waren fröhlich. Unsere Mutter stand währenddessen in der Küche und schöpfte immer aufs Neue Suppe, Braten und gelbe Speckknödel. Das Mahl zog sich hin bis weit in den Nachmittag. Dann gab uns Vater das Zeichen, dass es an der Zeit wäre, „Feld zu schauen".

Alle Gäste und natürlich auch wir Kinder verließen darauf die Stube und gingen als Erstes in den Stall. Kühe, Jungrinder, Mastochsen und die Schweine wurden begutachtet. Wir Großen standen meistens neben dem Vater und fühlten uns sehr angesprochen, wenn unsere Vettern den Viehstand und die Sauberkeit der Kühe lobten. Es waren wohl auch „unsere" Kühe – für sie mussten wir hart arbeiten und uns abplagen. Die Stallbesichtigung nahm sehr viel Zeit in Anspruch. Besondere Leistungen der Tiere wurden hervorgehoben und so manche „Krankengeschichte" durchgesprochen. Nach dem Stall gingen wir alle, einschließlich des Hofhundes, die steile Stiege hinauf in die Scheune. Heu und Stroh hatten wir dort bis unters Dach aufgetürmt. Der Tennenboden war sauber gekehrt. Die Vettern schauten mit Kennerblick, und während sie noch am Heu rochen, standen die Basen auf dem Futterhaussöller und hatten unseren Gemüsegarten im Blickfeld.

Nach der Besichtigung des Futterhauses begann erst das richtige „Feldschauen". Wir gingen durch Äcker und Wiesen, vorbei an den alten Eschenbäumen, in deren tiefen Asthöhlen die bunten Wiedehopfe ihre Jungen großzogen. Unser Vater redete über Rot- und Weißklee, lobte den „Sterzinger Roggen" und den „Lungauer Weizen", der laut seiner Erfahrung am Honigberg besonders gut gedieh. Unsere Vettern sprachen von Erfolg und Misserfolg, welcher auch ihnen auf ihren kleinen Höfen nicht erspart blieb. Dass

Base Mene mit ihrer Schwester

ihre Gespräche nicht immer von Korn und Futter handelten, entnahm ich ihrem oft herzhaften Lachen. Langsam kamen auch unsere Mutter, die kleinen Geschwister und die Basen des Weges. Sie unterhielten sich nicht über Feld und Acker. Das wurde mir bewusst, als ihre Gespräche verstummten, sobald sie merkten, dass ich zuhörte. Schon deshalb ging ich lieber mit dem Vater.
Langsam kamen wir zum großen und immer sehr trockenen Ackerrain. Er war die Grenze eines Teiles unserer Felder. Der daneben liegende Wald fiel steil ab. Eine große Steinmauer, bewachsen mit seltenem Moos, Wurzeln und Kräutern, verhinderte das Abrutschen des Rains. Dieses Stück Erde war gewiss eine Schmetterlingskinderstube. Auf vertrockneten Kümmelstängeln hingen große, dicke

Unsere Basen und Vettern in den Dreißigerjahren

Schmetterlingspuppen und wiegten sich leise im Wind. Hellgrün mit orangen Punkten waren die einen, prächtig braun mit oranger Musterung die anderen. Beim vorsichtigen Berühren fühlten sich die Puppen weich an, und man konnte ein leichtes Zucken spüren. Es gab auch viele kleine braune Puppen. Wunderbar bunte und einfache hellblaue Schmetterlinge mit weißem Flügelrand schwebten leicht zitternd über rote Pechnelken, Königskerzen und Silberdisteln. Die „Dreieckigen“ – wir gaben den kleinen Schmetterlingen diesen Namen – saßen auf den Wolfsmilchblüten, und ihre schwarzen oder waren es doch ganz dunkelblaue Flügel, übersät mit roten Punkten, bedeckten in Form eines Dreiecks die ganze Blüte. In der Steinmauer am Schmetterlingsrain wuchsen auch die Süßwurzeln. Wir kauten Süßwurzeln, da wir den süßen Saft besonders mochten.

Langsam durchwanderten unsere Kirchtagsgäste das ganze Feld, vorbei am Mohn- und Krautacker, der Sauerampfer- und der Bocksbartwiese. Wer weiß heute noch, wie Sauerampfer und Bocksbart schmecken? „Feldschauen" war für uns wohl nicht nur im Feld spazieren gehen. Feldschauen war Beziehung aufbauen zu Kleinstlebewesen, zu Acker und Frucht. Bald erkannten wir Kräuter und Gräser und fühlten an der Schwere der Ähren, wie gut oder auch schlecht die Kornernte ausfallen würde. Wir bangten mit unseren Eltern bei Blitz und Ungewitter und sehnten mit ihnen den Regen herbei, wenn große Trockenheit die Ernte zu gefährden schien. „Feld schauen" gingen wir nicht nur mit unseren Verwandten, sondern an Sonntagnachmittagen auch mit unseren Eltern.

Wenn unser Vater Zeit hatte und gut aufgelegt war, nahm er uns auch mit zum „Waldschauen". Wir besaßen schnell- und langsamwüchsigen Wald. Oft zählten wir die Jahresringe an den abgeholzten Baumstämmen. Vater zeigte uns die Waldgrenze und auch den Zuwachs an den jungen Fichten. Wir fanden bald heraus, wo die Preiselbeeren, die Himbeeren und die Heidelbeeren am besten gediehen.

Jedoch das „Feldschauen" am Kirchtag war etwas ganz Besonderes, denn beim Heimkommen gab es für uns alle Gugelhupf mit Schlagrahm und Krapfen. Einer unserer Vettern zupfte die Gitarre und sang dazu seine Lieder.

Es wurde Abend, bis sich unsere Gäste der Reihe nach verabschiedeten. Plötzlich schien uns dann alles so leer. Wir trugen Tische und Stühle wieder in die Kammer und stellten das gute Geschirr zurück in den Glasschrank. Aber besonders freuten wir uns, dass vom köstlichen Schafbraten noch ein großes Stück für den
blieben war.

ließ sich der Herbst schon erahnen, die Nächte
nd am Morgen trieben wir das Vieh wieder auf die
as war oft recht tauig und kalt – trotzdem gingen wir

Base Mene, Vetter Seppl und Großmutter in den Zwanzigerjahren

noch so lang wie möglich barfuß. Unsere roten „Gummischlapper" hatten den ganzen Sommer über in der Kammer gestanden. Jetzt im Herbst mussten wir uns wieder langsam an sie gewöhnen.
In die Schule gehen durften wir erst zu Allerheiligen, denn Vater brauchte unsere Hilfe bei der Kartoffelernte. In dieser Zeit ging der Almsommer zu Ende. Der Senner trieb die Kühe ins Tal. „Die Kranzkühe kommen!". „Wir haben schon die Glocken gehört", riefen wir uns dann gegenseitig zu. Volle und leere Kartoffeleimer ließen wir daraufhin auf dem Acker stehen und liefen zum Hohlweg, so schnell wir nur konnten. Auch unsere Nachbarn standen schon am Feldrain, Kranzkühe schauen. Der Klang der Glocken

Das kostbare „Almgeläute"

kam immer näher. Endlich sahen wir sie, die Leitkuh, stolz und schwerfällig trottete sie des Weges. Sie trug einen Kranz aus kunstvoll gearbeiteten Gold- und Silberblumen, verziert mit bunten Glasperlen und weißglänzenden Federn. Jesus, Maria und Josef und das Bildnis eines Schutzheiligen waren auf rotem Samt mit Goldfaden eingestickt. Dies war das Herzstück jedes Almkranzes und der Kranz die Krönung jedes kostbaren „Almgeläutes".
Die zweite Kuh trug immer einen grünen Kranz mit Preiselbeerzweigen, geschmückt mit rotweißen Papierrosen. Dann folgte braun gebrannt und etwas menschenscheu der Hüterbub. Er durfte die Kranzkuh treiben. Mit leicht geneigtem Kopf folgten die übrigen Kühe und Kälber. Sie trugen schwer an ihren großen handgeschmiedeten Glocken, der tiefe Klang der einen und der silberne Klang der anderen zogen über den Honigberg hinweg. Edel und kostbar waren die breiten ledernen Glockenriemen, mit kunstvoller Federkielstickerei und mit dicken bunten Wollborten verziert. Hofnamen und Jahreszahlen – Anno domini 1795 – konnte ich auf einem der

Riemen lesen. Nur einmal im Jahr wurde das Almgeläute aus der bemalten Holztruhe hervorgeholt, vererbt über Generationen war es der Stolz jedes Almbauern.
Mitten in seiner Herde ging der Senner. Ihm wurde das Vieh einen ganzen Sommer lang anvertraut. Am Tag der Almauffahrt hatte der Altbauer den Senner, den Buben und jedes einzelne Stück Vieh, sobald es den Stall verließ, mit Weihwasser gesegnet. Denn viele Gefahren für Mensch und Vieh konnte so ein Almsommer in sich bergen. Doch dieses Mal sah man, dass Senner, Bub und Vieh einen guten Sommer hinter sich hatten. Das Lob und die Anerkennung der „Kranzkuhschauer“ tat sichtlich wohl. Viele, viele „Tschotteplattlan“, kleine in Schmalz gebackene Sauerteigkrapfen, hatten die Bäuerin und ihre Mägde vorbereitet. Es war Brauch, dass der Senner die köstlichen Dinger in die Zuschauermenge warf. Ganz flink mussten wir sein, um ein paar Krapfen zu fangen. Wenn wir annahmen, er werfe nach rechts, so warf der Hallodri schon ganz gewiss nach links.
Der Almbauer fuhr mit Ross und Wagen am Ende des Zuges. Er hatte die Habseligkeiten des Senners, das Kochgeschirr, das Bettzeug, Käselaibe, Schmalzschüsseln und manchmal auch ein Mastschwein geladen. Den älteren Zuschauern drückte der Bauer selber ein paar Tschotteplattlan in die Hand, während wir Kinder vom Senner über Zäune und Hänge genarrt wurden. Gab es im Laufe eines Jahres ein Unglück oder gar einen Todesfall in der Familie des Almbauern, wurden die Kühe bei der Almabfahrt gar nicht geschmückt oder sie trugen einen Trauerflor.
Jedes Jahr im Oktober besuchte ein Kapuzinerpater uns Honigberger. Er ging von Hof zu Hof, um die jährliche Spende für das Kloster zu erbitten. Am Honigberg sammelte er Korn, da Korn bei uns am besten gedieh. „Kornpater“ wurde er von den Eltern, „Ringelpater“ von uns Kindern genannt. Der Ringelpater tat, was der Tatlkrämer niemals getan hätte. Er langte nach der kleinen Schach-

tel, welche wir schon alle kannten. Langsam hob er den Deckel, da lagen sie nun, die Ringlein, golden und silbern, mit bunten Glassteinen oder kleinen Emailbildchen geschmückt. Der Pater fragte uns nicht, ob wir auch bezahlen konnten. Wir durften ihm einfach unsere Hände entgegenstrecken, und die Ringanprobe begann.
„Für dich ist dieses zu klein, wir müssen ein größeres suchen", sagte er geduldig. „Bub, hast du dicke Pratzen", konnte der Pater schon auch manchmal bemerken. Dass die Hände grad nicht frisch gewaschen waren und einer meiner Brüder noch schnell mit der ganzen Hand über seine Rotznase fuhr, schien den guten Pater nicht zu stören. Bald hatten wir alle unser Ringlein. „Vergelt's Gott!". Und schon saßen wir um den Stubentisch. Unter unseren beobachtenden Blicken sollten der Pater und sein Gehilfe, der Kornträger, nun vom Speck essen – vom schönen roten, welchen unsere Mutter eigens für den Kornpater aufgespart hatte. Im Keller hing im Herbst halt nur mehr der weiße, fette Speck, den wir gar nicht gerne aßen.
Der Pater saß oft die längste Zeit bei uns. Wie es in der Schule gehe und ob einer der vielen Buben auch Ringelpater werden möchte, wollte er wissen. Dem Vater erzählte er vom Umbau des Klosters, von den Freuden und Leiden eines Militärseelsorgers und vieles mehr. Bevor er weiterzog, dankte der Pater nochmals für das Getreide und bat den Vater, er möge die gesammelten Säcke mit Pferd und Wagen nach Bruneck ins Kloster fahren. Für unsere Mutter legte er noch einen Rosenkranz und ein paar „Maria-Hilf-Pfennige" auf den Tisch.
Schließlich schickte er sich an, uns allen seinen Segen zu geben. Er schritt hin zum Weihwasserkrüglein, welches nahe der Stubentür hing. „Hoffentlich ist's im Krüglein nicht ganz trocken", mag durch Mutters Kopf geblitzt sein, „Weihwasser nachzufüllen habe ich vergessen." Doch der Pater langte tief in das Krüglein, schloss die Augen und gab uns allen, die wir vor ihm knieten, seinen Se-

gen. Der Kornträger nahm einen Korb und schüttete etwas „Paterpulver“ in eine eigens bereitgestellte Schüssel. Paterpulver? Es waren geweihte Heublumen. Einen Teil davon streute unser Vater den Kühen auf das Futter. Ein Teil wurde aufbewahrt, und wir legten es bei Blitz und Ungewitter ins Herdfeuer.
Unsere Eltern begleiteten den Pater bis zum Haustor, während wir Kinder uns auf den übrig gebliebenen roten Speck stürzten. Wer von uns konnte schon wissen, dass der Pater den Pulverkorb vergessen hatte und schnell noch mal zurückkam? Er lachte bloß verstehend, und ich schämte mich furchtbar.

Du bist die Älteste, solltest auch die Gescheitere sein!

„Ich schlief und träumte, das Leben wäre Freude. / Ich erwachte und sah, das Leben war Pflicht. / Ich handelte und siehe, die Pflicht war Freude“, las ich auf einer Spruchkarte.
Auch für mich kam die Zeit, in der ich handeln musste, jedoch die Pflicht empfand ich nicht immer als Freude. Zehn Tage vor meinem vierzehnten Geburtstag lag wieder ein „Poppele“, das elfte von uns Alpeggerkindern, im Stubenwagen. Gleichzeitig erkrankte unsere Magd schwer. Eine neue Magd war nicht gleich zu finden. Meine Volksschulzeit nahm somit schon im Februar ein jähes Ende. Auf mein Weinen hin sagte der Vater: „Was du bis jetzt nicht gelernt hast, lernst du bis zum Frühjahr auch nicht mehr.“ Somit war das Kapitel Schule bis zur letzten Prüfung im Frühjahr für mich abgeschlossen. Herausgerissen aus einer Gemeinschaft, trotzig und störrisch, wie ich dadurch wurde, hatte es meine Mutter am Anfang mit mir wohl nicht leicht.
Mit den vielen Arbeiten einer Magd musste mich Mutter erst vertraut machen. Es gab halt immer noch den großen Waschkessel, das Holzschaff, das Brett und die Bürste. Der „Weiße Riese“ nahm uns damals noch keine Arbeit ab, und die Schmutzwäsche wurde immer mehr. Mit einem Stück Seife, einer Wurzelbürste und einem alten sperrigen Kartoffelsack als Putzlappen machte ich mich an den Samstagen über die schmutzigen Holzböden her. „Wisch und weg“, aufsprühen und drüberfahren, dass dies einmal möglich sein

könnte, hätten wir wohl gleich in der Märchenkiste vermutet. Ich wäre schon froh gewesen, wenn der Kartoffelsack das Wasser etwas besser aufgesaugt hätte. Dies war aber nur dann der Fall, wenn er schon zerfranst und wiederum nicht zu gebrauchen war. Wir hatten kaum einmal einen weichen saugfähigen Lappen. Wäsche und Bettzeug flickte unsere Mutter immer und immer wieder. Der große Korb voll löchriger Strümpfe und Socken wurde nach Feierabend zu mir über den Tisch geschoben.

Großen Ärger meinerseits gab es dann, wenn ich feststellen musste, dass die Geschwister meine Arbeit für selbstverständlich hielten und unser Stubenboden bald wieder einem Ackerboden glich, sie ließen die Kleider und Schuhe herumliegen, und sie taten einfach nicht, wie ich es für gut hielt. Sie würden sich von mir nichts befehlen lassen, schrien sie, um sogleich hinter der Mutter in Deckung zu gehen. Ich wartete jedoch nicht, dass Gott die Bösewichter strafen möge, nein, ich tat gleich selber, was getan werden musste. Ein mörderisches Geplärr war die unausbleibliche Folge meines Strafgerichtes. Zu allem Überfluss gebrauchte meine Mutter wiederum den mir verhassten Satz: „Du bist die Älteste, solltest auch die Gescheitere sein!“. Worauf das Heulen der Gezüchtigten plötzlich aufhörte. Ich jedoch fühlte mich sehr allein gelassen und nicht verstanden.

Sonntags legte ich für jedes meiner Geschwister die sauberen Kleider auf die Bank in der Stube. Die kleineren der Kinder wurden im Holzschaff gebadet. Beim Nachschütten von heißem Wasser passierte mir das Unglück, eine meiner Schwestern schwer zu verbrennen. Ich glaub, ich weinte noch mehr als sie und bat voll Verzweiflung, sie möge nicht so schreien, damit unser Vater, welcher bei der Stallarbeit war, ja nichts erfahre. Die Brandwunden heilte unsere Mutter mit immer neuen Johannisölumschlägen.

Besonders gerne half ich meiner Mutter beim Kochen. Leider war unser „Kuchlkastl“ oft sehr leer. Es brauchte meist viel Fantasie,

„Ich weiß, wo Vaters Geburtstagstorte steht!“
Meine Brüder Hubert und Toni

eine Mahlzeit auf den Tisch zu bringen. Wie unsere Mutter lernte auch ich aus nichts etwas und aus wenig viel zu machen. So war es auch damals an Vaters fünfzigstem Geburtstag, als ich meine erste Torte für ihn backte. Ich stellte das mit Schokolade überzogene und mit Buttercreme verzierte Prachtstück in das Kuchlkastl. „Mutter, gehen wir noch einmal die Torte anschauen“, sagte ich, so sehr freute ich mich über mein Meisterwerk. Ich öffnete den Schrank und tat einen Schrei. Aus Vaters Torte war ein großer runder Krater herausgegessen. Nur mehr ein breiter Rand, dem auch noch die Glasur fehlte, stand auf dem Teller. Einer meiner Brüder, nur er konnte der Täter sein, schoss es mir blitzschnell durch den Kopf. Mochte der Sünder noch so unschuldig schauen, er entkam seiner Strafe nicht.
Zum fünfzigsten Geburtstag schenkten wir dem Vater den übrig gebliebenen Tortenrand. Für eine neue Torte fehlten mir die Zutaten. Zu unserer großen Überraschung nahm der Vater bei seiner Geburtstagsfeier den Täter auf den Schoß und gab ihm das erste Stück vom breiten Tortenrand. Ja, auch das war unser Vater!
Da unser Daheim am Honigberg war, kamen wir nur an den Sonntagen ins Dorf. Am Vormittag gingen wir alle gemeinsam den langen Kirchweg zum Gottesdienst. Am Nachmittag begab ich mich mit meinen früheren Schulfreundinnen ins Pfarrhaus zur Feiertagsschule. In unserer Jugendgruppe haben wir viel gesungen, vorgelesen, gelacht und geredet. Auch wurden Bibel- und Katechismusfragen wiederholt und für uns bald Erwachsene neu verständlich gemacht. Jedoch auf unsere weitaus brennenderen Fragen, wenn wir sie überhaupt zu stellen wagten, gab man uns in der Feiertagsschule sowie auch zu Hause oft nur ganz flüchtige Antworten. Ein kleines Büchlein, mir von meiner Mutter mit verlegener Geste in die Hand gedrückt, sollte mir damals Sinn und Zweck meiner seelischen sowie körperlichen Veränderung erklären. Was Wunder, dass ich mich manchmal dem Tode nahe fühlte.

Wir Mädchen Luise, Anni, Kathi, Lisl, Traudl und ich (von links nach rechts) Anfang der Sechzigerjahre

Junge Mädchen wurden damals zu einer religiösen Werkwoche, und wenn sie dann etwas älter waren, zu Exerzitien geschickt. Das bedeutete drei Tage beten, nicht sprechen, nur zuhören. „Wer den Löwen in sich nicht weckt, braucht gegen ihn auch nicht zu kämpfen“, sagte man dort unter anderem zu uns. Also weckte ich den Löwen meine ganze Jungmädchenzeit über nicht. Rückblickend denke ich, so tief hätte der Löwe auch nicht schlafen müssen. Viel Alleinsein wäre mir erspart geblieben.

An den Sonntagnachmittagen lernten wir Mädchen das Kunststricken, aber vor allem Sticken. Ein „Versehtuch“ mit kunstvoll eingesticktem frommem Spruch, große und kleine Tischtücher, bestickt mit alten Kreuzstichmustern sowie Leinentücher, versehen mit zartem Monogramm und Hohlsaum, musste zu unserer Zeit wohl jedes häusliche Mädchen im Aussteuerschrank haben. Standen auch noch eine bunte Schale, eine bemalte Glasdose und eini-

ge versilberte Glasleuchter – meistens Geschenke der Patin – darin, so durften die besten Freundinnen „Kasten schauen“.
So wie die anderen jungen Mädchen überlegte ich, wie ich öfter von daheim wegkommen könnte. Wenn ich beim Kirchenchor wäre, dachte ich, dürfte auch ich zur Probe gehen und würde abends nicht immer zu Hause sein. Jedoch beim ersten Vorsingen stellte mich der Chorleiter ins Eck der „Untauglichen“. Kirchenchor hätten meine Eltern genehmigt, aber zum Volkstanz oder zum Theaterspielen hätte mich Vater nie gehen lassen. Bei uns Ältesten hielten die Eltern die Leine wohl ganz straff angezogen. Die jüngeren Geschwister durften so vieles tun, wovon ich nur träumen konnte. Wurden unsere Eltern im Laufe der Jahre gelassener oder hatte sie die „Milde des Alters“ schon erreicht?
Seit langem fand unsere Mutter, dass eine meiner Schwestern so klein und zart wäre. Sie wollte auch nicht recht essen, und was ganz bedenklich schien, sie beteiligte sich kaum an einer der üblichen Kinderstreitigkeiten. Uninteressiert saß sie auf dem Fensterbrett und träumte vor sich hin.
Eines Tages schickte mich Mutter mit der Kleinen nach St. Lorenzen zu unserem Hausarzt. Nach einem fast zweistündigen Fußmarsch berichtete ich unserem Doktor, was Mutter bei unserer kleinen Schwester vermutete. Der Arzt nahm sich das Kind vor, er horchte und klopfte an ihr, schaute ihr in den Mund, prüfte Augen und Ohren und stellte sie zur Sicherheit auch noch auf die Waage. Ein leichtes Lächeln im Gesicht, schaute der Doktor oberhalb seiner runden Nickelbrille auf mich herunter und fragte: „Warst du in deinem Alter wohl größer? Sag deiner Mutter einen Gruß und beim Kind sei alles in Ordnung.“ Mit einer Flasche süßen braunen „Protan“-Sirups in der Tasche trotteten der „geheilte Patient“ und ich wieder über den Pfalzner Berg heimzu.
Zur allgemeinen Kinderimpfung kam unser Doktor in Ermangelung eines Arztambulatoriums in die Schule oder meistens ins Dorfgast-

haus. Wann und wie spät die Impfung war, verkündete neben allen behördlichen Mitteilungen unser Gemeindediener. Nach dem sonntäglichen Spätgottesdienst stellte er sich auf die große Steintreppe vor dem Kirchenportal und tat laut all seine Bekanntmachungen kund. Jede Mitteilung von Seiten des Staates, der Kirche, des Bauernbundes sowie der Forstverwaltung, Feuerwehr, Schule und vieles mehr las der Gemeindediener aus seinem Buch. Die Aufmerksamkeit der vielen Zuhörer gab unserem „Tondl" Aufschwung und Würde. Da „St. Bürokratius" damals noch nicht geboren war, brauchte Tondl nicht all die Büros und großen modernen Sitzungssäle. Eine ganz gewöhnliche Gemeindestube sollte bei uns noch lange ihren Dienst tun.
Viele Jahre hindurch mussten wir darauf achten, wann die Impftermine waren, da jeweils ein paar meiner Geschwister drankamen. Ich begleitete sie nicht gerne! Die Kleinen musste ich zum Impfen tragen, die Großen wollten auch nicht recht, da sie wussten, was sie erwartete. In guter Erinnerung blieb mir jene Bergbäuerin, welche ihre Buben auch zum Impfen brachte. Rot, rund und etwas scheu lugten die Kleinen hinter Mutters Schurz hervor, während sich die Großen sauber gekleidet mit kurzen Hosen, weißen Hemden und neuen Stutzen vor den Arzt hinstellten. „Was sein muss, muss sein", mochten sie sich wohl gedacht haben. In Aussicht auf das „Kracherle", welches sie nach der Impfung trinken durften, waren sie so mutig. Meine Geschwister waren nicht weniger mutig – „Kracherle" gab's für sie jedoch keines. Unsere Eltern – darauf angesprochen – sagten bloß, das brauche es nicht, wir hätten keinen so langen, steilen Fußweg wie die besagten Buben, und übrigens sei Wasser gesünder.
Meine Geschwister begleitete ich nicht nur zum Arzt, in die Kirche und zur Schule, die zwei jüngsten durfte ich auch zur Taufe tragen. Jedes neue „Poppele" brachte uns Freude. War es ein Bub, fühlten sich die Brüder stark, war es aber ein Mädchen, tat dies uns Mäd-

chen gut. Bei der Namensuche für unser „Poppele" redeten wir Geschwister am Anfang alle mit. Wir begannen immer mit dem Aufzählen unserer Namen, nur so fanden wir heraus, wie der neue Name dazupassen würde. Midl, Seppl, Franz, Hansl, Hartmann, Traudl, Liesl, Kathi, Paul, Tondl, Nanni, Hubert. Helene? Helene? Immer schneller leierten wir unsere Namen herunter. Ohne Zögern hängten wir auch noch Helene daran. „O ja, das passt", stellten wir schließlich fest. Am Ende entschieden dann aber doch die Eltern. Luise sollte das „Poppele" heißen. Unser Vater hieß Alois. Wir nannten das letzte unserer Geschwister jedoch viele Jahre lang „Liebele".

Damals wurde jedes Neugeborene spätestens am dritten Tag zur Taufe getragen, es sollte nicht lange ein Heide sein. Dass das kleine Wesen, welches mit rotem Gesicht in Mutters Bett schlief und ab und zu seine zarten Fingerchen bewegte, ein Heide sei, konnten wir als Kinder wohl kaum begreifen. Einen Heiden stellten wir uns ganz anders vor – stark und wild, eher verwandt mit einem Riesen. Am Tag der Taufe durfte ich das mit feinem Linnen überzogene und mit Spitzen verzierte Kissen aus dem Schrank holen. Indem man das Federkissen auf der Längsseite eindrückte, wurde daraus ein kleines Nestchen in Form eines Bootes. In Windeln eingehüllt und mit einer breiten „Stofffatsche" eingebunden, fand unser „Poppele" im Federnestchen gerade Platz. Vorsichtig legte mir die Hebamme das kostbare Bündel in die Arme. Ein weißer Schleier wurde noch über das Kind gebreitet für seinen ersten Gang zur Kirche.

„Nun geht in Gottes Namen und bringt mir einen Christenmenschen zurück", sagte unsere Mutter. Vater trug die Taufkerze. Auf dem langen Weg zur Kirche sprachen wir wenig. Vater und ich hingen wohl unseren eigenen Gedanken nach. Ich nahm meinen Dienst sehr ernst. Nach der Taufe lud unser Vater den Priester, den Pfarrmesner, die Patin und mich ins nahe Gasthaus zu Kuchen und Kaffee. Unser „Poppele" schlief währenddessen auf dem Stubenofen. Es wurde

„'s Liebele", unser Jüngstes

erzählt, dass einmal ein Taufkind im Rahmen einer feuchtfröhlichen Jause auf dem Stubenofen vergessen wurde, was ich aber nicht recht glauben konnte, denn bei uns wäre dies nie vorgekommen.
Wieder daheim angelangt, gehörte das Kind für lange Zeit nur der Mutter. Keiner von uns durfte zusehen, wenn eines unserer Geschwister gestillt wurde. Schnell legte Mutter ein dünnes Tuch über sich und das Kind, wenn jemand unerwartet ins Schlafzimmer kam.
Da wir eine so große Familie waren, gab es bei uns fast jedes Jahr eine Taufe, einen Erstklässler, einen Erstkommunikanten, einen Firmling und einen Schulentlassenen. Als einer meiner Brüder den Wunsch äußerte, er möchte „studieren" gehen, schüttelte sein Leh-

rer wohl etwas ungläubig den Kopf. Der Pfarrer war jedoch vom Entschluss seines Schülers und Ministranten begeistert und ebnete ihm den Weg ins Vinzentinum in Brixen.
Wir waren entsetzt ob der langen Kleiderliste, welche unserer Mutter geschickt wurde. So viele Socken, Wäsche, Schuhe, Pantoffeln, Hosen und Jacken, wie unser Student nur für sich allein mitnehmen musste, hatten unsere Buben alle zusammen nicht. Die Mutter nähte Hemden und Wäsche, der Schneider die Hosen und den neuen „Janker", der graukariert und mit breitem Samtband eingefasst war. Unser Student kam uns so anders, so sauber und so vornehm vor. Mutter schickte mich zur Nachbarin – ein Glas Honig musste im Koffer noch Platz finden.
Sehr beklommen war uns allen zumute, als am Tag des Abreise unser Vater nach dem schweren Koffer griff und die Mutter nach dem Weihwasser langte. Der Abschied von unserem Bruder fiel uns sehr schwer. Wir winkten ihm nach, bis wir ihn nicht mehr sahen. Er war der Erste, welcher unser Nest verließ. Das Weggehen von daheim brachte dem Buben nicht nur den Abschied von uns allen, sondern auch den Abschied von einem Teil seiner Kindheit. Keiner der Brüder erklärte sich bereit, seine über alles geliebten Hasen um Gotteslohn zu füttern und zu pflegen. Schweren Herzens trug der angehende Student seine Hasen zum Metzger. Für das Hasengeld kaufte er dann einen gerade feilgebotenen Ziegenbock, welcher mit den Kühen mitversorgt werden konnte.
Unser Bruder litt sehr an Heimweh. Viel später erst erfuhren wir von seinen Freunden, wie unglücklich er war. „Ja, ja, ein rupfenes Daheim ist besser als die seidene Fremde", pflegte unsere Tante immer zu sagen. Telefon gab es damals noch keines, also schrieb unser Student viele Briefe. Wie es uns wohl gehe? Ihm gehe es gut. „Wie geht es demjenigen im Stall?", wollte er immer wissen. Da die Briefe der Studenten nicht dem Briefgeheimnis unterlagen, wollte er den Ziegenbock lieber nicht erwähnen. Ach, demjenigen

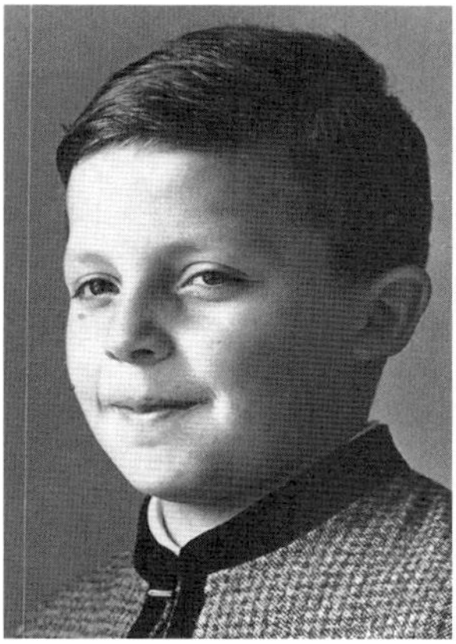

Unser Student – adrett gekämmt und gekleidet

im Stall ging es gar nicht gut. Er hatte sich vom Seil losgerissen und war unauffindbar. Nach dreitägigem Suchen entdeckten wir ihn in der Mühle. Er stand in der Kleietruhe und hatte sich buchstäblich zu Tode gefressen. Der Tierarzt konnte sein Leben nicht mehr retten.

Unser Bruder war schon als Kleinkind der Liebling einer unserer Basen gewesen. So manchen Löffel Zucker, sorgfältig in ein kleines Stück Zeitungspapier eingeschlagen, zog sie aus ihrem Kittelsack, „nur fürs Hansele". Wir hätten den Zucker auch grad nicht verachtet. Jetzt, wo ihr Liebling Student war, sah sie in ihm gar schon einen Pfarrer – für sie sozusagen eine private Begleitung in den Himmel. So fand die gute Base, dass es nur würdig und recht wäre, in ihrem Testament auch den „jungen Pfarrer" zu berücksichtigen. Sie sprach ihm ihren alten, immer mit einer Wolldecke geschützten Diwan zu. Ein Pfarrer brauchte einen Diwan – dies sahen wir, seine Geschwister, wohl ein. Da das kostbare Stück jedoch während der ganzen Studienzeit meines Bruders bei uns in der Kammer stand, dauerte es nicht allzu lange, bis die eisernen Sprungfedern drohend aus der Wolldecke stachen. Der für einen Pfarrer be-

stimmte Diwan hielt eine Stube voll Kinder einfach nicht aus. Es muss aber gesagt werden, dass unser Bruder kein Pfarrer wurde und somit hat sich das Problem mit dem geerbten Diwan von allein gelöst.
Als unser Bruder den Eltern schonend beibrachte, dass er nicht Theologie, sondern Jus studieren wollte, sagte die Mutter: „Warum denn grad Advokat? Schade um das viele Geld!“. Mit dem Beruf des Advokaten verband unsere Mutter wohl nur Streit und Unrecht. Unsere alte Tante, welche sich ihr Studentenbüblein schon als Neupriester vorgestellt hatte, war schon lange nicht mehr unter uns. Ihr Grab besprengten wir oft mit Weihwasser. Landauf, landab fanden in dieser Zeit viele Primizfeiern statt, und wir machten lange Fußmärsche, um daran teilzunehmen. Der Volksglauben sagte, der Empfang eines Primizsegens sei es wert, ein paar neue Schuhsohlen durchzutreten.

Von heiligen Zeiten und hohen Festtagen

Die „heiligen Zeiten" wurden sie früher genannt, die Festkreise um Weihnachten, Ostern und Pfingsten. Hohe Festtage waren daneben Fronleichnam, Herz-Jesu-Sonntag und Maria Himmelfahrt, von uns Hochunserfrauentag genannt. An diesen drei Tagen wurden auch die feierlichen Prozessionen begangen, an denen die ganze Pfarrgemeinde mitwirkte beziehungsweise teilnahm. Nach dem Hochamt versammelten sich alle Prozessionsteilnehmer auf dem Kirchplatz, während noch lautes Orgelspiel aus dem Kircheninneren an unser Ohr drang. Jetzt schlug die wichtigste Stunde für unseren sich seines Amtes und seiner Würde wohl bewussten Organisator. Er sorgte nicht nur für den richtigen Ablauf einer Beerdigung, ihm oblag es auch, bei den Prozessionen für Ordnung zu sorgen. Nur er konnte und durfte alle Prozessionsteilnehmer in die althergebrachte Reihenfolge einweisen. Ein wenig Hektik und so manche Umgruppierung mussten wir dabei schon in Kauf nehmen.
Unter feierlichem Glockengeläute setzte sich der Zug endlich langsam in Bewegung. In Reihen nach Stand und Würde geordnet zogen wir langsam durch unser Dorf, vorbei an den mit frischen Birkenästen geschmückten Häusern und blühenden Gärten. Unser Weg führte hinaus durch duftende Wiesen und reifende Kornäcker. Angeführt wurde der lange Zug von den Ministranten, welche auch die Prozessionsfahne trugen. Die größten und stärksten Buben wurden für diesen Dienst ausgewählt. Dann kamen die vielen

Prozession Mitte der Dreißigerjahre, im Hintergrund die Kirche von Pfalzen

Volksschüler, sie trugen die Christkindlstatue und wurden von ihren Lehrern geführt. Es folgte die Schutzengelstatue, getragen und begleitet von den Jungmännern. Auch die große Bubenfahne und die Johannesfahne brauchten starke Träger.
Die Männer schlossen sich dem feierlichen Zug an. Sie trugen die Statue des heiligen Josef und die große Männerfahne. In gemäßigtem Abstand folgte die Feuerwehr mit glänzenden Helmen und prächtiger Fahne. Besonders hob sich die nachfolgende Musikkapelle in ihrer festlichen Pustertaler Tracht im langen Prozessionszug ab. Das frische Rot der Joppen, die mit grünen Seidenbändern eingefasst waren, leuchtete in der Sonne. Das weiße Hemd, der breite, bestickte, lederne Bauchgurt, die schwarze Bundhose, die weißen handgestrickten Stutzen, die schwarzen Schuhe sowie der weit ausladende, breitkrempige Trachtenhut gehörten zum Gewand dazu. Ein frisches Sträußchen rote Nelken und Rosmarin für ihren Trachtenhut holten sich die jungen Burschen gerne bei ihren Mädchen. Ehemänner pflückten ihre Sträußchen am hauseigenen Blumensöller selber. Die Musikkapelle trug wohl einen großen Teil zur Festlichkeit unserer Prozession bei. Die großen und kleinen Blasinstrumente glänzten in der Sonne, und die frommen Weisen ihres Spiels trug der Sommerwind weithin über Felder und Wald.
Die Erstkommunikanten in ihren weißen Gewändern, die Lilienträger und wiederum Ministranten mit Weihrauchfass und „Schiffl" sowie die Ministranten, welche die weißen „Sakramentfahnen" trugen, bildeten die Vorhut des Allerheiligsten. Unsere Priester fanden ihren Platz unterm „Himmel". Der Himmel, ein Baldachin in Gold und Brokat, wurde von vier Männern getragen. Himmelträger waren meistens alteingesessene Bauern, und der Dienst vererbte sich über Generationen. Unser Pfarrer – der goldbestickte „Rauchmantel" lag schwer auf seinen Schultern – trug die große goldene Monstranz mit der weißen Hostie, unserem Gott in Brotgestalt, gut sichtbar für uns alle.

Meine Schwestern Lisl und Traudl in der Pustertaler Tracht

Auf dieses Kernstück der Prozession folgte der große Kirchenchor. Dann kamen die Jungfrauen mit der weißen Fahne und dem Jugendbanner, Mädchen in Tracht trugen die Statue der heiligen Notburga, der Magd und Kornschneiderin aus Rattenberg. Die Muttergottesstatue wurde ebenfalls von Mädchen, die von weiß gekleideten „Kranzlkindern" begleitet wurden, getragen. Das Tragen der Muttergottesstatue galt als große Ehre. Keine dunkle Stelle durfte im Lebenswandel der Auserwählten gefunden werden. Den Schluss der langen Prozession bildeten die Frauen. Ihre Fahne war in dunklen Farben gehalten. Mancherorts trugen sie auch die Statue der heiligen Mutter Anna mit.

„Heilig, heilig ist Gott der Heerscharen, Himmel und Erde sind seiner Herrlichkeit voll", hallte unser aller Gebet über die Felder, und ich bin davon überzeugt, auch dem Himmel zu. An den vier Evangelienaltären, welche in Abständen auf unserem Prozessions-

weg aufgestellt waren, hielten wir Rast. Die großen, schweren Kirchenfahnen wurden für kurze Zeit auf den Boden gestellt. Die Statuen hoben wir auf die mitgetragenen Holzständer. Heimlich wischte man sich den Schweiß aus der Stirne.
Unser Pfarrer stellte die Monstranz auf den Altar, schlug das von den Ministranten gereichte Evangelienbuch auf und sang mit lauter Stimme das Evangelium nach Markus, Lukas, Johannes oder Matthäus, grad bei welchem Altar wir uns befanden. Er sang lateinisch und der Chor ebenso. Weihrauchwolken umhüllten uns, während der Priester laut für Volk und Staat betete. Es folgte der feierliche Segen mit der Monstranz, währenddessen heftige Böllerschüsse die Prozessionsteilnehmer erschreckt zusammenfahren ließen. Die Sommersonne brannte unentwegt auf uns alle nieder, und unsere Musikkapelle spielte zum Abschluss eine fromme Weise.
Müde kamen wir in der Kirche an. Wie wohl uns die Kühle und der Schatten taten. Nochmals sang der Chor sein feierliches „Tantum ergo“, nochmals flehte der Pfarrer um den Segen für uns und die ganze Welt. Am Herz-Jesu-Sonntag schlossen wir mit dem großen Herz-Jesu-Bundeslied, gesungen von der ganzen Pfarrgemeinde, die Prozession ab. Müde, aber innerlich bewegt, traten wir in Begleitung unserer Nachbarn den langen Heimweg auf den Honigberg an. Wir dachten hungrig an Speckknödel mit Salat. Fleisch gab's nur an Kirchweih und Weihnachten.
Am Nachmittag des Herz-Jesu-Sonntags begannen meine Brüder mit den Vorbereitungen für das abendliche Abbrennen des Herz-Jesu-Feuers. An eine von weitem gut sichtbare Stelle unseres Feldes schleppten sie „Schabe“ und Holzscheite, um diese dort zu einem Holzhaufen aufzuschichten. Vater wollte, dass in unmittelbarer Nähe des Holzhaufens auch ein paar Kübel Wasser bereitstanden. Wir warteten lange, bis es endlich dunkel wurde und in der Ferne die ersten Feuer aufloderten, die Luft nach Holzrauch roch und ein kühler Wind über die Felder streifte. Dann gab uns

Unsere Familie am Honigberg um 1960

Vater das Zeichen, dass auch wir unseren Holzhaufen anzünden durften.
Wir alle, meine Geschwister, Vater und Mutter, ganz oft auch die Nachbarin, welche Mutters beste Freundin war, und deren Kinder, wiederum unsere Freunde, saßen im kühlen Gras und blickten in die Flammen. Wir sahen wohl den glühenden Funken nach, welche den knisternden Holzscheiten entsprangen, um im Dunkel zu entschwinden. Aufgeschreckte Nachtfalter umkreisten immer wieder unsere Gesichter. So wie am Vormittag sangen wir gemeinsam im Scheine unseres nächtlichen Feuers noch einmal unser Bundeslied: „Auf zum Schwur, Tirolerland, heb zum Himmel Herz und Hand, / was die Väter einst gelobt, da der Kriegssturm sie umtobt, / das geloben wir aufs Neue, / Jesu Herz, dir ewige Treue."
Wir sangen auch alle unsere Kinderlieder: „Wo 's Dörflein dort zu Ende geht", „Wahre Freundschaft soll nicht wanken", bis wir bei

„Lustig ist das Zigeunerleben“ ankamen. Die Nacht wurde immer dunkler. Wer sah den Morgenstern? Wer den Großen und den Kleinen Wagen? Wir hockten oder lagen im Gras. Das Feuer wurde kleiner, aber die Glut wärmte noch. Aus der Ferne hörten wir die Klänge einer Ziehharmonika und lautes Mädchenlachen. Wie die Welt für uns doch so in Ordnung war! Unsere Wurzeln wuchsen ohne großes Zutun. Sie wuchsen einfach im Schutz unserer Familie, unserer Nachbarn und Freunde und unserer sehr einfachen, aber fast noch heilen Umwelt.

„Schüttet noch das mitgebrachte Wasser in die letzte Glut, auf dass ja kein unkontrolliertes Feuer entsteht“, sagte zu später Stunde unser Vater. Zum respektvollen Umgang mit dem Feuer wurden wir immer wieder angeleitet. Eine Feuersbrunst war wohl eines der gefürchtetsten Unglücke, welches eine Familie treffen konnte. An wenige Hofbrände kann ich mich erinnern. Ich weiß, dass die Nachbarschaftshilfe in so einem Unglücksfall ganz groß war. Die Bauern halfen sich kaum mit Geld, weil nicht viele welches hatten. Sie gaben jedoch ihre Arbeitskraft, Holz, Futter, Getreide und Brot.

„Vor Blitz und Ungewitter, verschone uns, o Herr!“. Wenn in Sommernächten schwere Gewitter über unser Haus hinwegzogen, die feurigen Blitze unsere Kammern erhellten und die dumpfen Donner die Mauern erzittern ließen, mussten wir uns alle anziehen, und im Elternzimmer versammelt beteten wir den Rosenkranz. Das Licht einer geweihten Kerze spiegelte sich in unseren angstvollen Gesichtern.

Unsere Mutter legte etwas vom „Paterpulver“, geweihte Palmzweige und eine Hand voll vom Kräuterbuschen, welcher am Hochunserfrauentag geweiht worden war, ins angefachte Herdfeuer. Der Kräuterbuschen hing das Jahr über im Dachboden. Außer Blumen band man auch Haselzweige, Himbeerstauden, Wermut, Königskerze und Johanniskraut in den Kräuterbuschen. Der Volksglauben sagte, ein Haus, unter dessen Dach sich viele Schwalbennester befinden, würde vom Blitz verschont. Unser Vater sah es gerne, wenn in Stall und Scheune recht viele Schwalben ihre Nester bauten. „Die Schwalben sind wieder da“, war bei uns ein gern gehörter Ruf im Frühjahr.

Vom Vater lernten wir den sorgsamen Umgang mit den Tieren. Wenn beim Kornschnitt ab und zu eine dicke Erdkröte über die spitzen Stoppeln tappte, um der scharfen Sense zu entkommen, zog er seine blaue Schürze aus und legte sie auf den Ackerboden. Dann trieb er die Kröte auf die Schürze und trug das Bündel weitab aus der Gefahr. Unser Vater behandelte auch unsere Haustiere gut und erweckte in uns den Beschützerinstinkt für alles Lebende in Feld und Wald.

Mit den Maschinen kam die Veränderung

Wenn ich zurückblicke, werde ich den Gedanken nicht los, dass unsere Generation das letzte Glied in der langen Kette der Generationen ist, welches den tiefen Glauben, das Hinnehmen und Ertragen, die oft so große Not, den harten Kampf gegen Naturgewalt und Krankheit unserer Eltern und Großeltern, aber auch all der treuen Knechte und Mägde noch erfahren durfte. Wir lebten in Einfachheit, Beschaulichkeit und Zufriedenheit, schätzten die Nachbarschaftshilfe, und ein großes Zusammengehörigkeitsgefühl erfüllte unsere kleine Welt.

Gerade wir waren es, denen es – bildlich gesprochen – vorbehalten war, wie über eine Brücke aus der gewohnten Welt heraus der neuen industrialisierten Zeit entgegenzugehen, ja man kann wohl sagen entgegenzurasen. Was Wunder, wenn viele Menschen ihre kleine Welt bedroht sahen und mit den schnellen Veränderungen nicht mehr zurechtkamen.

„Jetzt sind unsere Kinder da heroben auch nicht mehr sicher", rief eine Bergbäuerin voll Entsetzen, als sie den ersten Jeep, damals wahrscheinlich das einzige mit einem Motor ausgestattete Fahrzeug im Dorf, den holprigen Weg auf ihren Hof zufahren sah. Erst nachdem der Fahrer der Frau lachend versichert hatte, dass das Fahrzeug wohl kaum von allein käme, sondern gelenkt würde, konnte sie sich beruhigen. Das war Anfang der Fünfzigerjahre. Unser Hausarzt lehnte nicht mehr sein Fahrrad ans Scheunentor, er fuhr

Die Straße von Bruneck nach Pfalzen war noch nicht geteert

jetzt einen „Topolino“. Meine Brüder drückten sich an ihm die Nase platt.
„Wir bekommen ein Postauto“, erzählte eine Freundin. Darunter konnten wir uns aber nicht viel vorstellen. Von Pfalzen nach Bruneck wurde die Straße teils neu angelegt und zu einer staubigen Schotterstraße verbreitert. Einer unserer Vettern arbeitete als Straßenwärter. Immer neuen Schotter warf er in die Schlaglöcher. Das Postauto, ab und zu ein paar Topolinos und selten ein Lastauto stellten Ansprüche an die Straße und wirbelten vor allem viel Staub auf. „Ich bin ein Opfer der Volkswut“, sagte der gute Vetter oft, während er sich den Staub aus dem Gesicht wischte.

Lässt sich das Wort Volkswut steigern? Was würde unser Vetter, Gott hab ihn selig, angesichts der Blechlawinen heute sagen? Bei uns daheim hatte sich auch einiges verändert. Der Kartoffeldämpfer und das Schweinefutter standen nicht mehr in der Küche. An deren Platz hatten wir nun eine Eckbank und einen Esstisch. Es gab fließendes Wasser, ein Spülbecken und ein Abtropfbrett. Beim Anblick desselben fragte mich ein Mädchen aus dem Nachbardorf, ob bei uns denn ein Gasthaus sei? Im Eck standen jetzt ein elektrisch angetriebener Butterkübel, eine neue Zentrifuge und eine kleine Mohnmühle. Der hölzerne Butterkübel, die ausgediente Zentrifuge und der schwere Mohnstampf waren auf dem Speicher, neben der alten Dresch- und Futterschneidemaschine. Auch die hölzernen „Brechln" und die spitzen „Hachln" wurden nicht mehr gebraucht.
Meine jüngeren Geschwister sahen ihn schon nicht mehr, den blau blühenden Flachsacker. Sie erlebten den Schuster Gustl bei uns auf der Stör nicht mehr. Vom Weber, Scherenschleifer, Musikanten und von dem schwarz gekleideten Weiblein, welches aus dem Bellunesischen kam und hölzerne Kochlöffel, Schüsseln und Holzschuhe feilbot, hörten sie nur mehr erzählen. Sie sahen die Freude nicht, welche wir empfanden, als unser Vater das erste Radio – wir nannten es den „Telefunken" – kaufte und das Christkind einen Plattenspieler brachte. Meine jüngeren Geschwister waren schon Kinder der neuen Zeit.
Es kamen die Jahre, in denen unser Hof ohne fremde Hilfe auskam. Die Buben hatten die Volksschule abgeschlossen. Der Vater brauchte uns notwendig auf dem Feld und im Stall. Wir hatten damals noch keine landwirtschaftlichen Maschinen, das Pferd und unsere starken Arme waren immer noch gefragt. Im Frühjahr mussten wir die Wiesen räumen, Steine aufklauben, Maulwurfshügel einebnen, Mist führen, diesen ausbreiten und die Äcker bestellen. Das Brotgetreide säte unser Vater immer selber: „Ein heilig Tag-

Schwedenreiter und Hocker auf einer Hälfte unseres Feldes Anfang der Sechzigerjahre

werk fängt nun an …". Sack für Sack des kostbaren Korns füllte er ins Saatschaff und schritt mit weit ausholenden Armen alle unsere Äcker ab.

Aus dem nahen Wald waren schon die Schreie des Kuckucks zu hören, wenn einer der Brüder die Pferde führte, der Vater Furche für Furche zog und wir die Kartoffeln in die Erde legten. „Setzt mi im April, kimm i, boll i will! Setzt mi im Mai, kimm i glei!", gab uns die Saatkartoffel ihren guten Rat.

Bei der Feldarbeit schickte uns die Mutter zum Halbmittag und zur Marende eine Schüssel voll Milch und Roggenbrecke, welche wir mit Appetit auslöffelten.

Mehr als einen Monat brauchten wir zum Heumachen. Vater wollte damals, dass wir unser ganzes Heu auf „Schwedenreiter“ aufhängten. Schnurgerade zogen meine Brüder die Drähte. Heuwand um Heuwand hatten wir auf unseren Feldern stehen, um sie später zu vielen „Fudern“ gefasst in die Scheune zu fahren. Von den Steilwiesen trug Vater alles Heu in einer Kraxe heim. Auch auf den Äckern konnte nicht die ganze Ernte mit Pferd und Wagen eingebracht werden, und Vater nahm halt wieder die Kraxe.
Siebzig Kraxen Roggengarben lud ich ihm an einem Tag auf. Siebzigmal ging er gebückt ob der schweren Last vom Steilacker in die Scheune. Dem Vater schmerzte der Rücken und mir die Arme. Wir waren beide müde, doch mit unserer Leistung zufrieden. Für unser fleißiges Arbeiten wurden wir auch belohnt: Unser Vater bestellte den Jeep samt Chauffeur. Auf die Ladefläche des Wagens stellten wir Holzbänke, dass wir, die Großen, einen Sitzplatz hatten, und dann fuhren wir nach Olang zu Vaters Elternhaus. Dies war unsere erste Fahrt mit einem Auto.
Die Kleintiere, Hühner, Schweine und Gänse oblagen meiner Fürsorge. Das Gänserupfen brachte mir die Nachbarin bei. „Gib Acht, wenn die Federkiele noch blutig sind, ist es zu früh“, belehrte sie mich. Das Rupfen der „reifen“ Federn war für meine Gänse wohl nicht angenehm, aber hoffentlich auch nicht zu schmerzhaft. Mit einem leichten „Ga-ga“ bei jedem Rupfen mussten sie wohl die Federn lassen. Am Haussöller hingen dann jedes Jahr ein paar neue Betten.
Von der Waschmaschine, der Kraft des Traktors, von Mähmaschine, Melkmaschine, Ladewagen, Miststreuer und vielem mehr lasen wir im fortschrittlichen „Landwirt“. Vater hatte sich eine große Viehwaage und eine Seilwinde geleistet. Die Seilwinde trug dazu bei, dass das Erdeführen um vieles leichter wurde. Bad und Wasserklosett hatten wir noch nicht, denn Geld war bei uns immer Mangelware. Wir Kinder verdienten uns ein kleines Taschengeld

mit Beeren- und Pilzesammeln, wenn wir nicht bei der Arbeit gebraucht wurden. Die jüngeren Brüder gingen auf fremde Almen Kühe hüten. Die Studenten, wir hatten indessen zwei, nahmen, soweit auch sie vom Hof abkömmlich waren, jede Arbeit an, um die Finanzierung ihres Studiums zu erleichtern. Es fiel ihnen nämlich sehr schwer, den Vater ums Studiengeld zu fragen.

Oft legten wir unser Taschengeld zusammen, um den Tierarzt oder unvorhergesehene Ausgaben zu bezahlen. Problematisch wurde es erst, wenn alle Taschen leer waren. Unser Hof verlangte aufgrund seiner Größe uns alle als Arbeitskräfte, warf jedoch bei der damaligen Wirtschaftsweise zu wenig ab. Milchgeld gab es noch keines, da die Transportmöglichkeiten fehlten. In den Saatkartoffelanbau hatte sich unser Vater nicht recht hineingefunden. So fehlte im Herbst das „Kartoffelgeld". Der private Verkauf von Speisekartoffeln brachte nicht viel ein. Wenn der Händler es verlangte, kam es nicht selten vor, dass wir im Jänner oder Februar am Hofbrunnen die Kartoffeln waschen mussten.

Mutter und ich bemühten uns mit ein paar Zuchtschweinen. Nach jungen Schweinen war ab und zu gute Nachfrage. Unser Vater setzte auf Getreide, Vieh und Futter. Seine gut gepflegten Wiesen waren sein ganzer Stolz. Der Verkauf von ein paar Kühen, Ochsen und Kälbern sowie etwas Nutzholz musste reichen, die fixen Ausgaben abzudecken und die große Familie über die Runden zu bringen. Mit den Worten: „Das Übrige bringst du wieder heim, man verdient das Geld nicht leicht", gab uns Vater einen Geldschein in die Hand, falls wir mal wieder Schuhe oder ein Sonntagskleid brauchten. „Nicht das Letzte verbrauchen – immer etwas übrig lassen", dies hat uns unser Vater gelehrt. Die Freude an den neuen Schuhen und die Wertschätzung eines neuen Kleides kam von allein und blieb mir bis zum heutigen Tag erhalten. Hart war sie manchmal, die Schule des Lebens. Sie machte aus uns aber dankbare, zufriedene und vor allem glückliche Menschen.

Als ich achtzehn Jahre alt war, durfte ich in Pfalzen einen Haushaltskurs besuchen. Mit Leichtigkeit und Freude lernte ich alle Fächer. Jedoch beim Rechnen bekam ich Schweißausbrüche und starkes Nasenbluten. Von Justina und Mathilde durfte ich immer abschauen. Unsere junge, fröhliche, so gepflegte und eine seltene Feinheit ausstrahlende Lehrerin weckte in mir Bewunderung. Noch einmal brach aus mir der Wunsch heraus, dass auch ich studieren möchte. Haushaltslehrerin wurde mein Traum. Mein Vater schaute recht finster, und alle anderen machten mir Angst, als sie mir meine Schwäche im Rechnen vorhielten. Den finsteren Blick des Vaters hätte ich sicher überwunden, jedoch die Angst vor dem Rechnen ließ mich meinen Traum begraben. „Mutter, soll ich den ‚Immergut' backen?", so hieß nämlich ein Kuchen, dessen Rezept ich vom Haushaltskurs her kannte. „Nein, nein", sagte darauf die Mutter, „für uns ist es besser, du bäckst den ‚Niefertig'."
Als meine Schwestern älter wurden, ging ich ein Jahr lang als Stubenmädchen ins Hotel. Auch dort gab es noch keine Wasch- und Bügelmaschine, sondern eine fleißige Wäscherin. Sie war eine alte, geduldige Frau. An meine Arbeit gewöhnte ich mich schnell, jedoch das Heimweh machte mir zu schaffen, obwohl ich wusste, dass meine Chefin mich mochte. „Mariele", sagte sie eines Tages, „im Wäscheschrank musst du mehr Ordnung halten. Der Wäscheschrank ist der Spiegel der Hausfrau." „Wenn Sie immer grad dann nachschauen, wenn ich ein Durcheinander habe. Oft ist ja alles schön geordnet", erwiderte ich verlegen, worauf sie lachte und mir ihre Hand auf die Schulter legte.
Von meinem ersten Lohn kaufte ich für meine Mutter und mich einen Mantelstoff, einen Rasierapparat für die Brüder, eine Puppe fürs „Liebele" und eine Drei-Kilo-Dose Marmelade für die kleinen Geschwister. Sie durften einen Löffel nehmen und einmal genug Marmelade essen. An den freien Tagen half ich wieder daheim. Vier meiner Brüder besuchten im Laufe der Jahre die Landwirt-

Mein Mann und ich um 1963

schaftsschule, meine Schwestern die Handels-, Krankenpflege- und Kindergärtnerinnenschule. Allerdings mussten im Sommer immer genug Arbeitskräfte zu Hause sein.
Ich lernte kochen und arbeitete für guten Lohn, von dem auch meine Geschwister einen Teil bekamen, als Köchin in mehreren großen Hotels im Gadertal und in Welschnofen. Doch wo blieb das Leben mit der Natur? Wo der Sonntag? Wo war der Weihnachtsfrieden? Der Weihnachtsduft? Wo die Sterne beim Gang zur Mette? Zu nichts war mehr Zeit. Aus der Taverne dröhnte Musik, das Lachen und Grölen der Gäste war zu hören. „Stille Nacht"? Nein, dies war nicht meine Welt und würde es auch nimmer werden.
Gerne nahm ich das Angebot meiner Base an, den Sommer über in ihrer Pension in Kematen bei Sand in Taufers den Posten einer

Köchin zu übernehmen. Die Base legte großen Wert darauf, dass es mir immer möglich war, den Sonntagsgottesdienst zu besuchen. Mein Weg zur Kirche führte durch blühende Wiesen und reifende Kornfelder. Mit Herz und Gedanken war ich ganz nah bei meinen Eltern und Geschwistern. Sie trugen gerade in jener Zeit schwer an den „dunklen Streifen“ unseres „Fleckerlteppichs“. „Ich komme wieder“, brach eine große Sehnsucht aus mir hervor. „Ich komme wieder“, Acker und Frucht, Haus und Hof ließen mich nicht los. Doch schließlich fand ich meinen Weg, und von meiner großen Liebe zu einem jungen Bauern wussten nur wir zwei allein. Eine Bäuerin wollte ich werden, so wie meine Mutter eine war.
Das Leben unserer Familie glich wohl einer Seilschaft, der jeweils Schwächste wurde einfach in die Mitte genommen. Alle meine Geschwister erlernten einen Beruf und gingen getrennte Wege. Trotz alledem sind wir eine Seilschaft geblieben. Wir geben uns immer noch die Sicherheit, dass uns in großem Leid das Seil halten oder im schlimmsten Fall das Netz unserer Familie auffangen wird.
Mit meiner Heirat begann ein neuer Lebensabschnitt für mich. „Wenn ihr heute noch fahren wollt, habt ihr höchste Zeit“, sagte am Abend unseres Hochzeitstages mein Schwiegervater. Ein schneller Abschied täte nicht so weh, hieß es immer. O doch, er tat weh. Ein schneller Händedruck und noch einmal ein Blick auf meine Geschwister – ich hatte ihn durchbrochen, unseren Kreis. Er würde sich wieder schließen. Ich aber würde nicht mehr ganz dazugehören. Ich durfte mich richtig ausweinen, und der Abschiedsschmerz heilte.
Unsere Hochzeitsreise führte uns nach Rom. Mein Mann und ich verbrachten dort eine wunderbare Woche. Es war Samstagabend, als wir wieder daheim ankamen. Nach einem herzlichen „Grüß Gott“ schob mir der Schwiegervater einen Teller frisch gebackene Tirtlan über den Küchentisch entgegen. Mutter goss noch das heiße Fett in die bereitgestellte Kanne, und die schwarzweiße Haus-

Unser Vater im Jahre 1975, im Hintergrund die Baustelle des neuen Stalls. „Partezettel“ anlässlich seines Todes.

Dein Leben war Arbeit
und Sorge für uns,
möge Gott es dir lohnen!

†

Zum stillen Gedenken
im Gebet für meinen lieben Gatten,
unseren guten Vater,
Herrn

Alois Willeit

Alpegger in Issing-Pfalzen

geboren am 10. August 1906
gestorben am 23. Jänner 1989

» « « «

Wir legen, Herr, in deine Hände,
was du uns schenktest in der
Zeit.
Welch Trost! Es ist ja nicht das
Ende,
Wer glaubt, der lebt in Ewigkeit.

katze kam auf leisen Sohlen auf mich zu und legte sich schnurrend auf meinen Schoß. Ich deutete als gutes Omen, dass mich auch die Katze willkommen hieß.

„Marie! Hier sind die Löffel, Tassen, Schüsseln, Teller und hier geht's in die Speisekammer", sagte meine Schwiegermutter wohlwollend. „Marie": zum dritten Mal wurde mein Namen geändert. Ja, den Frühling hatten wir nun hinter uns gelassen. Als „Seppl" und „Marie" standen wir am Anfang unseres Sommers.

Wir wussten, dass auch unser, so wie jeder Sommer, von Gewitter und Sturm begleitet sein würde, dass wir jedoch auch gemeinsam den Regenbogen schauen würden. Wir waren voll Mut und Zuversicht und hofften mit Gottes Hilfe am Ende „unseres Sommers" eine gute Ernte einfahren zu dürfen.

Unser Vater am Alpeggerhof, der Mühe und Arbeit müde und der sich allzu sehr veränderten Zeit nicht mehr gewachsen, legte fast dankbar das Geschick unseres Hofes in jüngere Hände. Einige Jahre, von denen er sagen konnte: „So gut wie jetzt ist es mir noch nie gegangen", durfte er noch leben. An einem kalten Jännertag begleiteten wir ihn auf seinem letzten Weg zum Friedhof. Freunde und Nachbarn gaben ihm das Geleit, als er durch sein geliebtes Feld getragen wurde. Die Glocke unserer kleinen Honigberger Kirche läutete zu seinem Abschied, und ein unsäglicher Schmerz ging durch unsere Seelen.

Unsere Mutter – ihr Gedächtnis ist etwas geschwunden – lässt sich immer und immer wieder von „früher" erzählen. „Hatte ich wirklich so viele Kinder?", fragt sie dann verwundert. „Gell, wenn ich einmal nicht mehr lebe, bist du für alle die Mutter", sagt sie oft leise und nimmt meine Hand. „Ja Mutter, dies verspreche ich dir!" Denn ein wenig war ich's wohl immer schon.

Anlässlich eines Jahrgangstreffens hörte ich dieses Dankgebet, mit welchem ich meine Erinnerungen abschließen möchte:

Gott, wir danken dir heute
für die karge Kindheit, überschattet vom Krieg.
Sie hat uns früh der Entbehrung gegenübergestellt –
und doch war sie erfüllt von Sonntagen
voll überquellender Freude an kleinen Dingen.
Eine Freude, die heute noch ihre Strahlen hineinträgt
in den grauen Alltag.
Wir danken
für den Frühling des Lebens mit seinen tausend Träumen,
mit dem bewussten Erleben von Nähe und Wärme,
    von Heimat und Welt.
Das Glück und seine Illusionen haben uns stark gemacht,
    gläubig und froh.
Mit leiser Wehmut denken wir nun an jene Zeit,
und von den bunten unerfüllten Träumen
möchten wir doch keinen einzigen missen.

Glossar

Brechlhütte, überdachte Feuerstelle zum Rösten des Flachses
Brechlschwerter, Holzgeräte zum Brechen des Flachses
Bitschen, Weißbrot in Form der Vinschger Paarln
Brecke, harte Roggenbrotstücke
Eisenhachln, mit spitzen Nägeln versehene Bretter zum Reinigen und Feinmachen des Flachses
Fuder, auf große Wagen aufgeladenes Getreide, Gras oder Heu
Haarreisten, zum Verspinnen bereite, fertige Flachswickel
Hingfongessenz, in der Apotheke erhältliche, aus Pfefferminz hergestellte Essenz
Janker, Stoff- oder Strickjacke
Klemperer, Pfannenflicker, reparierte alle Geräte aus Blech
Kornputze, von Hand getriebene Maschine zum Reinigen des Korns
Kracherle, süßes Orangen- oder Zitronengetränk in kleinen Glasflaschen
Mittn, großer Holztrog für den Brotteig
Nigilan, in Schmalz gebackene Hefeteigkugeln
Schabe, zu Bündeln gebundenes Kleinholz
Schäftenschuhe, hohe Frauenschuhe aus Kalbsleder
Schiedung, Läuten der Kirchenglocken zur Verabschiedung des Toten
Schnilienschärpe, Woll- oder Seidenschärpe mit dicken Kordeln versehen, wurde als Kopfbedeckung getragen
Schwedenreiter, zum Trocknen des Grases gespannte, lange Drähte
Stofffatsche, breite, schön gewebte Baumwollbinde zur Befestigung der Windel
Tirtlan, in Schmalz gebackene, mit Topfen oder Sauerkraut gefüllte Teigtaschen
Weimerlen, getrocknete Trauben
Poppele, Kleinkind
Rohnen, rote Rüben

Dank

Dieses Buch widme ich meinem Mann Seppl, unseren acht Kindern, besonders meiner jüngsten Tochter Hildegard, welche mich bei der Fertigstellung des Buches mit ihren Computerkenntnissen unterstützt hat. Es ist eine Geschichte von „früher", wie sie meine Enkelkinder so gerne hören. Sie stehen wohl diesseits der Brücke, sie sollten aber hören und nicht vergessen, wie es jenseits der Brücke einst war. Ich möchte ihnen sagen, dass ihre Oma genau denselben Weg noch einmal gehen würde; dass nicht alles gut, aber doch alles zu meistern war. Auch meiner einundneunzigjährigen Mutter und meinen zehn Geschwistern widme ich dieses Buch. Ich bin euch allen sehr verbunden.

Inhalt